Material online verfügbar unter www.cornelsen.de/webcodes

Code: sevibo

Die enthaltenen Links verweisen auf digitale Inhalte, die der Verlag bei verlagsseitigen Angeboten in eigener Verantwortung zur Verfügung stellt. Links auf Angebote Dritter wurden nach den gleichen Qualitätskriterien wie die verlagsseitigen Angebote ausgewählt und bei Erstellung des Lernmittels sorgfältig geprüft. Für spätere Änderungen der verknüpften Inhalte kann keine Verantwortung übernommen werden.

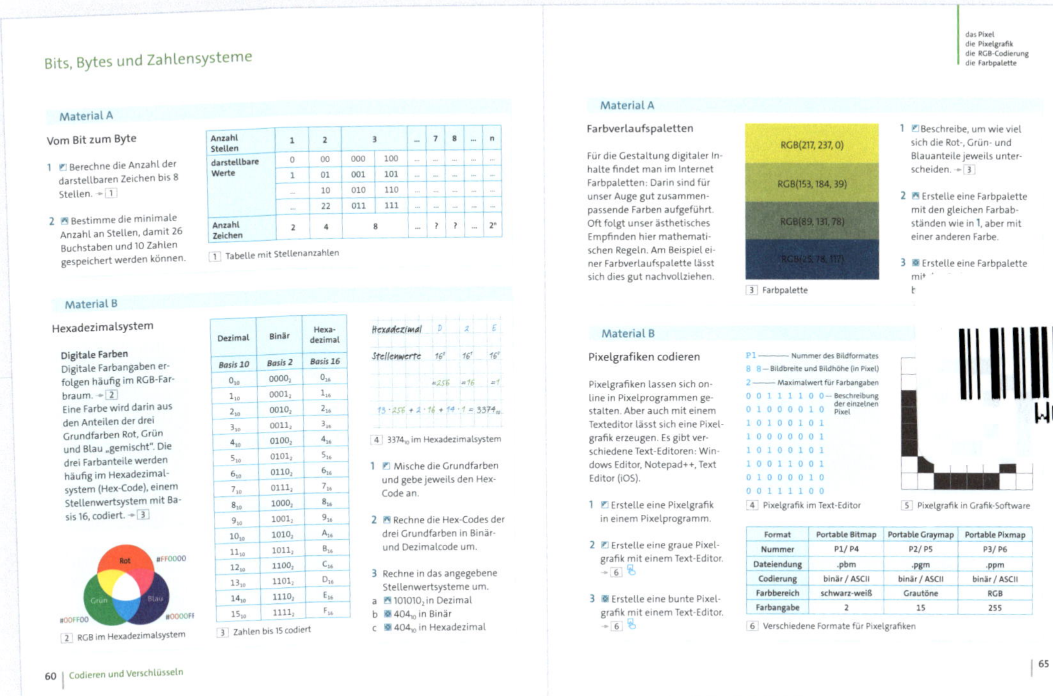
Bits, Bytes und Zahlensysteme

Material A

Vom Bit zum Byte

1 Berechne die Anzahl der darstellbaren Zeichen bis 8 Stellen. → 1

2 Bestimme die minimale Anzahl an Stellen, damit 26 Buchstaben und 10 Zahlen gespeichert werden können.

Anzahl Stellen	1	2	3		...	7	8	...	n
darstellbare Werte	0	00	000	100	...	...	...	...	...
	1	01	001	101	...	...	...	...	...
	...	10	010	110	...	...	...	...	...
	...	11	011	111	...	...	...	...	...
Anzahl Zeichen	2	4	8		...	?	?	...	2^n

1 Tabelle mit Stellenanzahlen

Material B

Hexadezimalsystem

Digitale Farben

Digitale Farbangaben erfolgen häufig im RGB-Farbraum. → 2 Eine Farbe wird darin aus den Anteilen der drei Grundfarben Rot, Grün und Blau „gemischt". Die drei Farbanteile werden häufig im Hexadezimalsystem (Hex-Code), einem Stellenwertsystem mit Basis 16, codiert. → 3

Rot #FF0000, Grün #00FF00, Blau #0000FF

2 RGB im Hexadezimalsystem

Dezimal	Binär	Hexadezimal
Basis 10	Basis 2	Basis 16
0_{10}	0000_2	0_{16}
1_{10}	0001_2	1_{16}
2_{10}	0010_2	2_{16}
3_{10}	0011_2	3_{16}
4_{10}	0100_2	4_{16}
5_{10}	0101_2	5_{16}
6_{10}	0110_2	6_{16}
7_{10}	0111_2	7_{16}
8_{10}	1000_2	8_{16}
9_{10}	1001_2	9_{16}
10_{10}	1010_2	A_{16}
11_{10}	1011_2	B_{16}
12_{10}	1100_2	C_{16}
13_{10}	1101_2	D_{16}
14_{10}	1110_2	E_{16}
15_{10}	1111_2	F_{16}

3 Zahlen bis 15 codiert

Hexadezimal: D 2 E
Stellenwerte: 16^2 16^1 16^0
=256 =16 =1
$13 \cdot 256 + 2 \cdot 16 + 14 \cdot 1 = 3374_{10}$

4 3374_{10} im Hexadezimalsystem

1 Mische die Grundfarben und gebe jeweils den Hex-Code an.

2 Rechne die Hex-Codes der drei Grundfarben in Binär- und Dezimalcode um.

3 Rechne in das angegebene Stellenwertsysteme um.
a 101010_2 in Dezimal
b 404_{10} in Binär
c 404_{10} in Hexadezimal

60 | Codieren und Verschlüsseln

das Pixel
die Pixelgrafik
die RGB-Codierung
die Farbpalette

Material A

Farbverlaufspaletten

Für die Gestaltung digitaler Inhalte findet man im Internet Farbpaletten: Darin sind für unser Auge gut zusammenpassende Farben aufgeführt. Oft folgt unser ästhetisches Empfinden hier mathematischen Regeln. Am Beispiel einer Farbverlaufspalette lässt sich dies gut nachvollziehen.

RGB(217, 237, 0)
RGB(153, 184, 39)
RGB(89, 131, 78)
RGB(25, 78, 117)

3 Farbpalette

1 Beschreibe, um wie viel sich die Rot-, Grün- und Blauanteile jeweils unterscheiden. → 3

2 Erstelle eine Farbpalette mit den gleichen Farbabständen wie in 1, aber mit einer anderen Farbe.

3 Erstelle eine Farbpalette mit ...

Material B

Pixelgrafiken codieren

Pixelgrafiken lassen sich online in Pixelprogrammen gestalten. Aber auch mit einem Texteditor lässt sich eine Pixelgrafik erzeugen. Es gibt verschiedene Text-Editoren: Windows Editor, Notepad++, Text Editor (iOS).

P1 — Nummer des Bildformates
8 8 — Bildbreite und Bildhöhe (in Pixel)
2 — Maximalwert für Farbangaben
0 0 1 1 1 1 0 0 — Beschreibung der einzelnen Pixel
0 1 0 0 0 0 1 0
1 0 1 0 0 1 0 1
1 0 0 0 0 0 0 1
1 0 1 0 0 1 0 1
1 0 0 1 1 0 0 1
0 1 0 0 0 0 1 0
0 0 1 1 1 1 0 0

4 Pixelgrafik im Text-Editor

5 Pixelgrafik in Grafik-Software

1 Erstelle eine Pixelgrafik in einem Pixelprogramm.

2 Erstelle eine graue Pixelgrafik mit einem Text-Editor. → 6

3 Erstelle eine bunte Pixelgrafik mit einem Text-Editor. → 6

Format	Portable Bitmap	Portable Graymap	Portable Pixmap
Nummer	P1/ P4	P2/ P5	P3/ P6
Dateiendung	.pbm	.pgm	.ppm
Codierung	binär / ASCII	binär / ASCII	binär / ASCII
Farbbereich	schwarz-weiß	Grautöne	RGB
Farbangabe	2	15	255

6 Verschiedene Formate für Pixelgrafiken

65

Materialseiten

... vor allem zum Anwenden und Üben

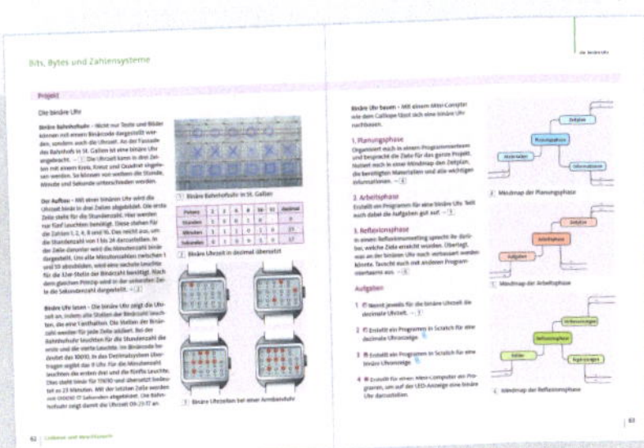

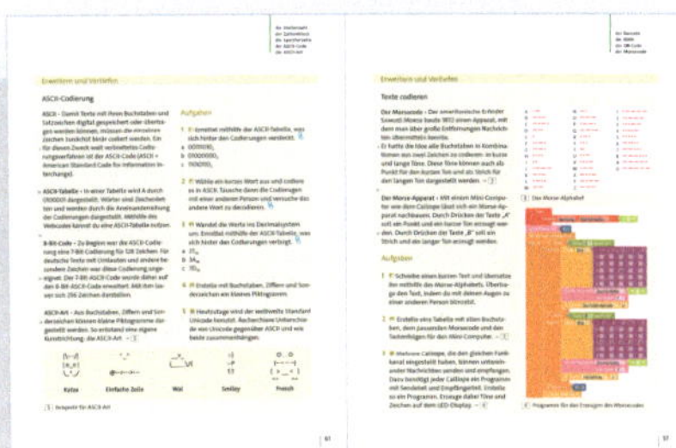

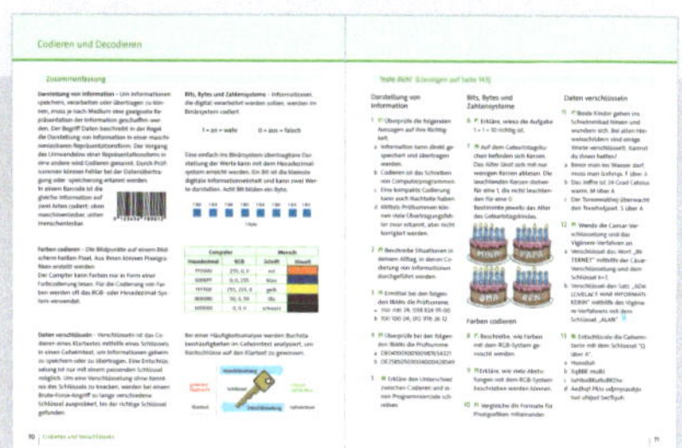

Projektseiten bietet dir die Möglichkeit das Glernte im Team auszuprobieren. Hier findest du meistens spannende Programmierprojekte.

Erweitern und Vertiefen-Seiten bieten interessante zusätzliche Texte mit Bildern und Aufgaben.

Die **Zusammenfassung** gibt einen Überblick über die Lerninhalte des Kapitels.

Die Aufgaben der **Teste-dich!-Seiten** helfen dir, dein Wissen selbst einzuschätzen. Die Lösungen der Aufgaben findest du im Anhang.

NIEDERSACHSEN

NATUR UND TECHNIK

Informatik 9/10

erarbeitet von:

Prof. Dr. Ira Diethelm (Bremen)
Lars Pelz (Berlin)

Cornelsen

Inhaltsverzeichnis

Grundlagen der Datenverarbeitung 6

Einstieg in die Programmierung 24

Codieren und Verschlüsseln 52

Aufbau des Internets 72

Algorithmisches Problemlösen 90

Daten interpretieren 122

Anhang

NATUR UND TECHNIK
Informatik 9/10 Niedersachsen

Unter beratender Mitarbeit von: Prof. Dr. Ira Diethelm (Bremen)

Erarbeitet von: Prof. Dr. Ira Diethelm (Bremen), Lars Pelz (Berlin)

Mit Beiträgen von: Siegfried Bresler, Peter Brichzin, Markus Donderer, Ulrich Freiberger, Uwe Geuder, Holger Hellendrung, Florian Janus, Franz Jetzinger, Johannes Neumeyer, Klaus Reinold, Richard Scheglmann, Stefanie Schnorbus, Dr. Stefan Seegerer, Daniel Soldaczuk, Benjamin Vötterle, Albert Wiedemann

Redaktion: Mareike Förster

Grafik: Rainer Götze

Illustration: Matthias Pflügner

Umschlaggestaltung: SOFAROBOTNIK GbR, Augsburg & München

Layout: Typo Concept GmbH, Hannover

Technische Umsetzung: Straive

www.cornelsen.de

1. Auflage, 1. Druck 2023

Alle Drucke dieser Auflage sind inhaltlich unverändert und können

im Unterricht nebeneinander verwendet werden.

Druck: Mohn Media Mohndruck, Gütersloh

ISBN 978-3-06-000000-5 (Schulbuch)

PEFC
PEFC/04-31-1033

PEFC zertifiziert
Dieses Produkt stammt aus nachhaltig bewirtschafteten Wäldern und kontrollierten Quellen.

www.pefc.de

Grundlagen der Datenverarbeitung

Computersysteme sind heute aus unserem Alltag nicht mehr wegzudenken.

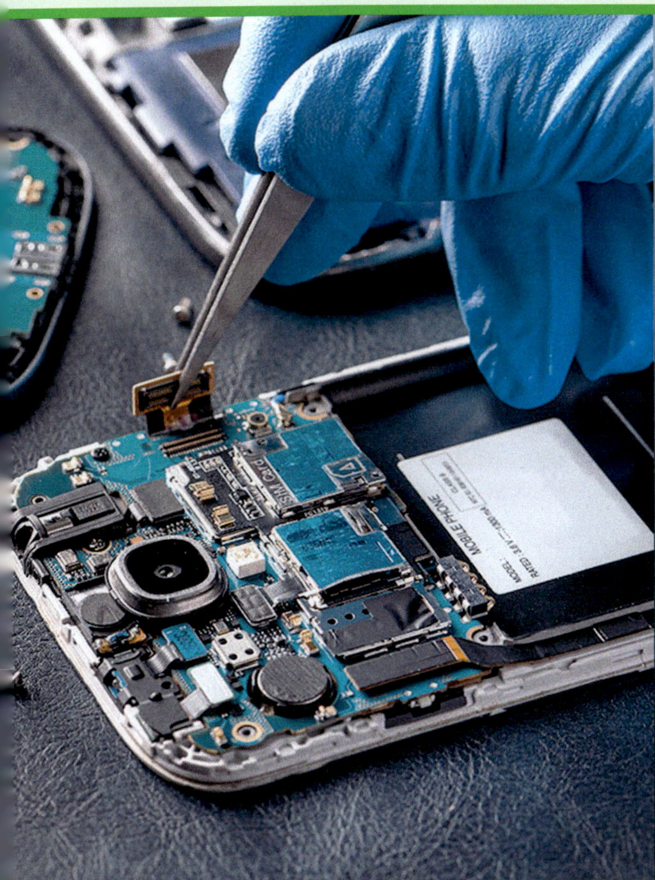

Bei der Reparatur sieht man es – ein Handy ist ein Computer.

Auf Computern oder USB-Sticks können Daten gespeichert werden. Größere Datenmengen werden in Rechenzentren gesichert.

Computersysteme

1 Computersysteme können unterschiedlich aussehen.

Prozessor

Arbeitsspeicher

Speicher

2 Komponenten

Computer sind überall. Wir schreiben mit ihnen E-Mails, surfen im Internet, Chatten mit Freunden oder spielen Spiele. Wir lassen uns auch den Weg zum gewünschten Ort zeigen.

Computersysteme • Computer, Smartphones, Smartwatches, Spielekonsolen und andere elektronische Geräte begegnen uns im Alltag. Diese Geräte sehen zwar unterschiedlich aus, aber sie sind immer gleich aufgebaut. Sie bestehen aus Hardware und Software. Hardware sind alle elektrischen Bauteile in einem Gerät. Damit die Hardware ihre Aufgaben erfüllen kann, benötigt es Programme, die Software. Beides zusammen ergibt ein Computersystem. → 1

Ein Computersystem besteht aus elektrischen Bauteilen (Hardware) und Programmen (Software).

Komponente • Im Inneren ist der Aufbau meist sehr ähnlich. Nur die Bauteile, die auch Komponenten genannt werden, können unterschiedlich groß sein. → 2

Prozessor • Die wichtigste Komponente ist der Prozessor, der auch CPU (= Central Processing Unit) genannt wird. Er ist die Einheit, die alle Vorgänge bearbeitet. Auch alle anderen Bauteile des Geräts steuert er an.

Arbeitsspeicher • Der Arbeitsspeicher, der auch RAM (= Random Access Memory) genannt wird, speichert sehr schnell eine begrenzte Anzahl von Daten. Diese benötigt der Prozessor für Berechnungen. Wenn der Computer ausgeschaltet wird oder eine neue Aufgabe begonnen wird, wird der Arbeitsspeicher gelöscht und neu belegt.

das Computersystem
die Hardware
die Software
die Peripherie

3 Verschiedene Peripheriegeräte für einen Desktop-PC.

Speicher • Soll sich der Computer über längere Zeit etwas merken oder speichern, benötigt er einen Speicher. Es gibt SD-Karten (SD-Karte = digitale Speicherkarte), HDD-Festplatten (HDD = Hard Disk Drive) und SSD-Festplatten (SSD = Solid State Drive). Was einmal darauf gespeichert wird, ist auch nach dem Ausschalten des Geräts noch vorhanden. Auf diesem Speicher werden das Betriebssystem, Programme, Apps, Spiele oder deine Daten gespeichert.

Ein Computersystem benötigt die Komponenten Prozessor (CPU), Arbeitsspeicher (RAM) und Speicher, um zu funktionieren.

Peripherie • Ein Computersystem benötigt noch zusätzliche Geräte. Alle Geräte, die an einen Computer angeschlossen sind, werden Peripheriegeräte genannt. Mit einer Maus kannst du beispielsweise ein Programm starten und mit einem Controller lässt sich eine Spielkonsole steuern. → 3

Die Peripherie sind alle Geräte, die an einem Computersystem angeschlossen sind.

Aufgaben

1 Nenne elektronische Geräte, die du oder deine Familie regelmäßig nutzt, und beschreibe, was du/ihr damit macht.

2 Nenne die Komponenten eines Computersystems und beschreibe ihre Funktion.

3 Benenne die oben abgebildeten Peripheriegeräte und suche weitere, welche du an Computern, Spielekonsolen, Smartphones oder anderen elektronischen Geräten anschließen kannst. Erstelle eine Liste.

4 Ordne den genannten Peripherie eine Funktion zu: Wofür brauchst du dieses Zubehör? Notiere die Funktionen neben den Namen.

Computersysteme

Material A

Der Mini-Computer

Am Beispiel eines Minicomputers kann der Aufbau eines Computersystems verdeutlicht werden. → 1

1 Ordne die wichtigsten Komponenten zu. → 1

a Benenne Bauteile, die für das Speichern zuständig sind.

b Ordner die Bauteile zu, an denen du einen Monitor, einen USB-Stick und die Stromversorgung anschließen kannst.

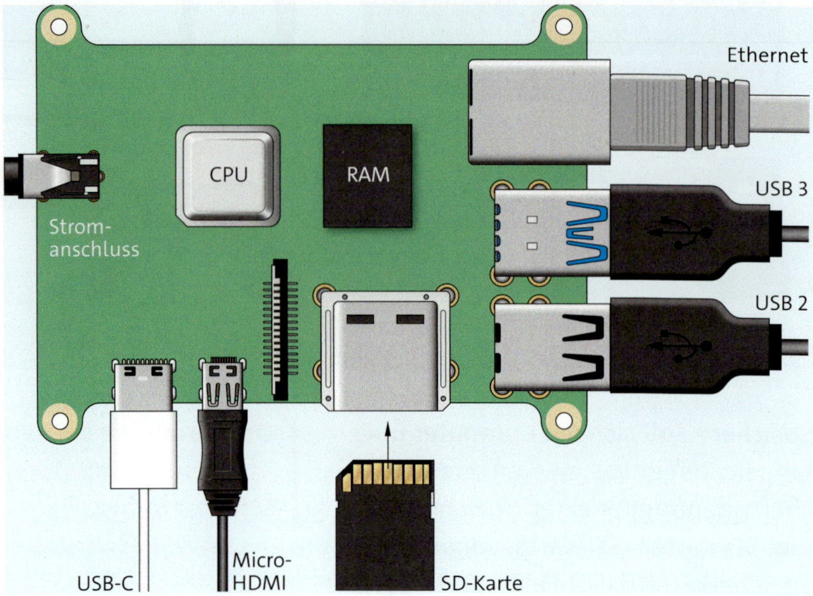

1 Vereinfachte Darstellung eines Minicomputers

Material B

Das Smartphone

Materialliste: altes Smartphone, Werkzeug, Anleitung

Achtung • Beim Beschädigen des Akkus besteht Brand- und Explosionsgefahr!

1 Zerlege ein altes Smartphone in seine Bestandteile.

a Vergleiche die einzelnen Bauteile mit der Darstellung und benenne sie. → 2

b Beschreibe die Aufgaben der einzelnen Bauteile.

2 Aufbau eines Smartphones

der Mini-Computer
das Smartphone
der Laptop
die Hauptplatine

Erweitern und Vertiefen

Der Laptop

Laptops • Computer können verschiedene Formen und Größen haben: Desktop-PC, Laptop, Smartphone, Tablet. Der Laptop gehört zu den beliebtesten Formen.

Aufbau eines Laptops • In dem Gehäuse eines Laptops befindet sich eine Hauptplatine. Auf dieser sind die Komponenten angebracht. Darauf befinden sich direkt verschiedene Peripheriegeräte wie eine Festplatte. Auf dem Oberteil des Gehäuses befinden sich Eingabegeräte wie eine Tastatur. Auch Ausgabegeräte wie zum Beispiel Lautsprecher können im Oberteil verbaut sein. Es stehen verschiedene Anschlüsse wie beispielsweise für USB-Sticks zur Verfügung. Diese dienen zum Datenaustausch und heißen Schnittstellen. → 3

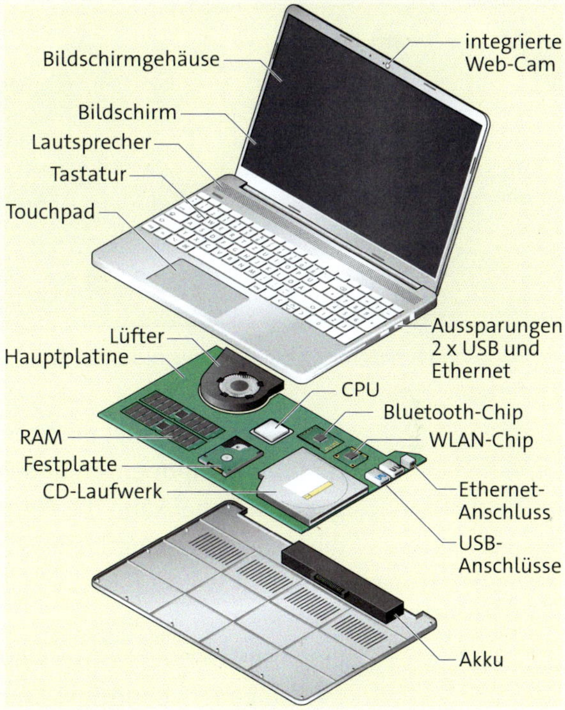

3 Aufbau eines Laptops

4 Desktop-PC mit Peripherie

Aufgaben

1 Beschreibe den Aufbau eines Laptops.

2 Vergleiche den Aufbau eines Laptops mit dem Aufbau eines Desktop-PCs. → 3 4
Nenne die Peripheriegeräte, die bei einem Desktop-PC separat gekauft werden müssen.

3 Vergleiche Vorteile und Nachteile eines Laptops gegenüber eines Desktop-PCs.
Nenne mögliche Anwendungen für einen Laptop.

4 Bennene Schnittstellen, mit denen ein Laptop Daten austauschen könnte. → 3

Das EVA-Prinzip

1 Was passiert in deiner Konsole, wenn du ein Spiel spielst?

Eine Spielkonsole ist ein Computersystem mit Komponenten und Peripheriegeräten. Dabei kann die Peripherie in die Kategorien Eingabe und Ausgabe eingeteilt werden.

Eingabe • Um der Konsole einen Befehl zu geben, benötigst du etwas zur Eingabe. Mit dem Kontroller gibst du beispielsweise den Befehl, dass deine Spielfigur springen soll. Hierfür drückst du den Knopf A.

Verarbeitung • Die Spielekonsole verarbeitet die Eingabe: „Wenn der Spieler den Knopf A drückt, lässt er die Spielfigur springen.“
Diese Verarbeitung läuft im Prozessor ab. Du kannst sie nicht sehen, du siehst nur die veränderte Ausgabe.

Speicher • Für die Verarbeitung benötigt der Prozessor auch einen Speicher. Speicher und Prozessor sind Teil der Verarbeitung.

Ausgabe • Die Spielekonsole benötigt für die Ausgabe beispielsweise einen Monitor oder Lautsprecher. Auf dem Bildschirm springt in dem Spiel nun die Spielfigur hoch.

> Dass Computer aus Geräten zur Eingabe, Verarbeitung und Ausgabe bestehen, wurde EVA-Prinzip genannt. → 2

2 EVA-Prinzip

Abkürzungen

SIM: engl. subscriber identity module

PIN: engl. personal identification number

EVA: Eingabe, Verarbeitung, Ausgabe

Aufgaben

1 Ordner in einer Tabelle verschiedene Geräte der Eingabe, Verarbeitung und Ausgabe zu.

2 Beschreibe das EVA-Prinzip am Beispiel eines Tablets.

3 Vergleiche das EVA-Prinzip mit dem menschlichen Körper. Ordne Organe und Körperteile der Eingabe, Verarbeitung und Ausgabe zu.

das EVA-Prinzip
das Touchpad
die SIM-Karte
die PIN-Nummer

Material A

Tastatur, Maus und Touchpad

Die Tastatur ist immer noch das Haupteingabegerät eines Computers. Damit kann man Texte in einem Textverarbeitungsprogramm schreiben oder Suchwörter im Webbrowser eintippen. Mit Tastenkombinationen kann der Computer gesteuert werden. Mit der Tastenkombination „STR + C“ können Text oder Dateien kopiert, mit „STR + V“ wieder eingefügt werden. → 3

3 Virtuelle Tastatur

4 Laptop mit Touchpad

Für die Steuerung eines Laptops wird zusätzlich eine Maus oder ein Touchpad genutzt. → 4 Touchscreens werden bei Smartphones und Tablets eingesetzt. Hier wird durch Berührung gesteuert.

1 Vergleiche Tastatur, Maus und Touchpad miteinander.
a Teste die Eingabemöglichkeiten der drei Geräte.
b Notiere, wie mit den drei Geräten kopiert und eingefügt werden kann.

Material B

Ein neues Smartphone

Sarah hat ein neues Smartphone bekommen, möchte ein Selfie machen und dieses an ihre Freunde schicken.

Um ihr Gerät nutzen zu können, legt sie zuerst ihre SIM-Karte ein und schaltet dann das Smartphone ein.
Nach kurzer Zeit muss Sarah die PIN-Nummer eingeben. Diese besteht meistens aus vier Zahlen und wird beim Kauf der SIM-Karte mitgeteilt.

Nach der Eingabe vergleicht das Gerät die eingegebenen Zahlen mit den Zahlen auf der SIM-Karte. Nach richtiger Eingabe erscheint der Home-Bildschirm des Smartphones. → 5

5 Home-Bildschirm

1 Beschreibe das EVA-Prinzip an dem Beispiel eines Smartphones.
a Ordne die einzelnen Schritte, die Sarah unternommen hat, dem EVA Prinzip zu.
b Ein Smartphone hat verschiedene Ein- und Ausgabemöglichkeiten. Notiere diese in einer Tabelle. Untersuche dazu ein Smartphone.
c Sarah möchte ein Selfie von sich machen. Beschreibe den Ablauf beim Fotografieren mit dem EVA-Prinzip.

Speichern von Daten

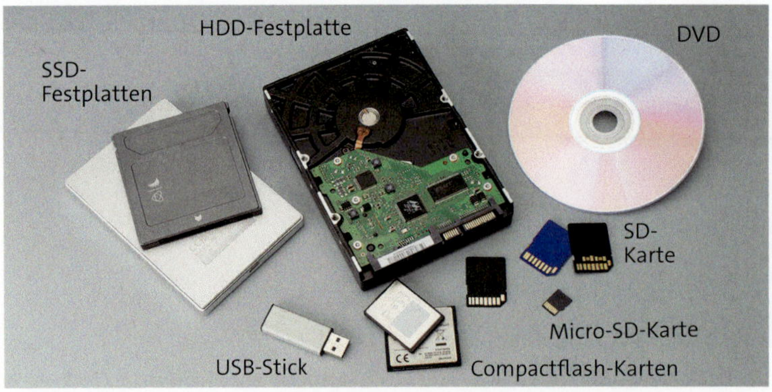

1 Verschiedene Speichermedien

Daten können unterschiedlich gespeichert werden. → 1

Speichermedien • Auf einem Speicherchip im Smartphone ist Platz sowohl für Fotos, Musikstücke und Filme als auch für die Apps. Speicherchips im Smartphone oder auch Festplatten im Computer werden Speichermedien genannt. Alle Speichermedien werden zur Speicherung von Daten genutzt. Sie können jedoch unterschiedliche Zwecke erfüllen. Daher unterscheiden sie sich auch in der Speichertechnik.

Elektronische Speicher • Auf einem elektronischen Speicherchip befinden sich viele kleinste Speicherzellen. Auf diesen liegt entweder Spannung an oder nicht. Die beiden Zustände werden als „1" und „0" notiert. Elektronische Speicherchips nutzt man auch als externe Speichermedien. USB-Sticks oder SSD-Speicher dienen zur Datensicherung. Elektronische Speicherchips erlauben einen schnellen Zugriff auf die Daten. In weniger als 0,1 ms werden die Daten ausgelesen.

Magnetische Speicher • Festplatten dienen oft der Archivierung von sehr großen Datenmengen. HDD-Festplatten speichern Daten magnetisch. Auf speziell beschichteten Platten werden dazu kleinste Bereiche in zwei verschiedenen Richtungen magnetisiert („1" oder „0"). Festplattenspeicher sind günstig, aber empfindlich gegenüber Erschütterungen. Wenn du deine Fotos in der Cloud durchsuchst, greifst du auf riesige Rechenzentren von Clouddiensten zu. Auch dort kommen überwiegend Festplattenspeicher zum Einsatz, um die Daten von Privatpersonen und Firmen zu speichern.

Optische Speicher • Auf CDs und DVDs werden Daten optisch gespeichert und gelesen. Mit einem Laser wird ein winziges Loch („1") in die Scheibe gebrannt. So können Texte, Bilder und Filme digital gespeichert werden. Diese Speichermedien lassen sich leicht verpacken und transportieren. Daher sind sie besonders für den Datentransport geeignet.
Die Haltbarkeit dieser Speicher liegt bei etwa 100 Jahren. Inzwischen speichern Festplatten günstiger große Datenmengen.

Daten können elektronisch, magnetisch oder optisch gespeichert werden.

Abkürzungen

SSD (engl. solid state drive): Festkörperlaufwerk

HDD (engl. hard disc drive): Festplattenlaufwerk

DVD (engl. digital versatile disc)

CD (engl. compact disc): optische Datenspeicher

Aufgabe

1 Beschreibe die Unterschiede der verschiedenen Speicherarten.

das Speichermedium
der Speicherchip
der Datenträger
der Wechselspeicher
der Festspeicher

Material A

Optische Speicher korrigieren sich selbst

Ein spezielles Programm kann Fehler wie beispielsweise Kratzer auf einem optischen Speicher korrigieren. → 2

Materialliste: alte, nicht mehr gebrauchte Musik-CD, breiter Folienstift, Nagel, CD-Player

1 Male mit dem Stift einen 3 cm langen Strich auf die Unterseite der CD. → 3 Beim Abtasten bekommt der Laser an dieser Stelle keine Daten.

a Spiele das letzte Musikstück der CD ab. Beschreibe die Auswirkung.

b Ziehe den Strich auf der CD schrittweise immer breiter. Beschreibe jedes Mal, wie es sich auswirkt.

2 Füge der CD nun mechanische Fehler zu, indem du sie mit dem Nagel zerkratzt. Untersuche, bis zu welcher Anzahl von Kratzern die CD noch abspielbar ist.

2 Optischer Speicher, vergrößert

3 Fehlerhafter Datenträger

Material B

Wechsel- und Festspeicher

USB-Sticks sind so klein, dass sie in eine Hosentasche passen. Daher eignen sie sich für den Austausch von Daten und werden Wechselspeicher genannt. → 4
Fest eingebaute Speicher wie SSDs werden dagegen als Festspeicher bezeichnet. → 5

1 Vergleiche den Aufbau eines USB-Sticks mit den Aufbau einer SSD-Festplatte.

2 Vergleiche die Speicherkapazität beider Speicher.

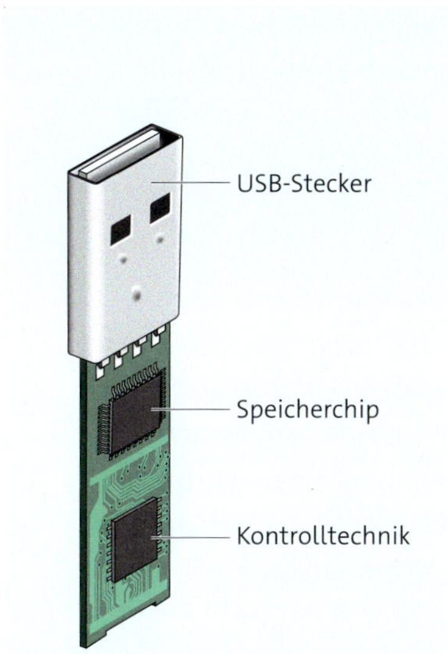

4 USB-Stick

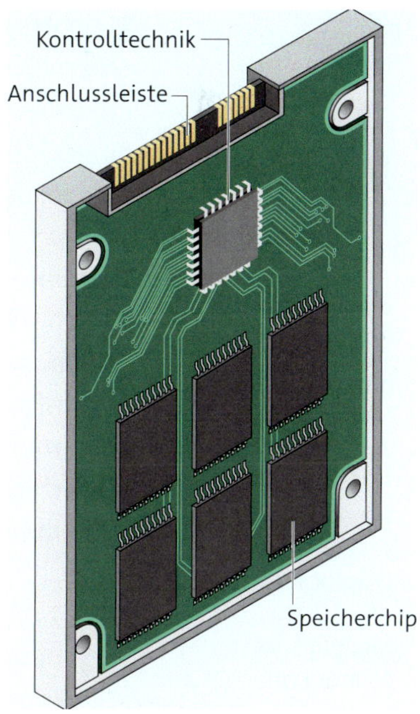

5 SSD-Festplatte

Dokumente und Dateien

1 Es gibt für jede Anwendung das passende Format.

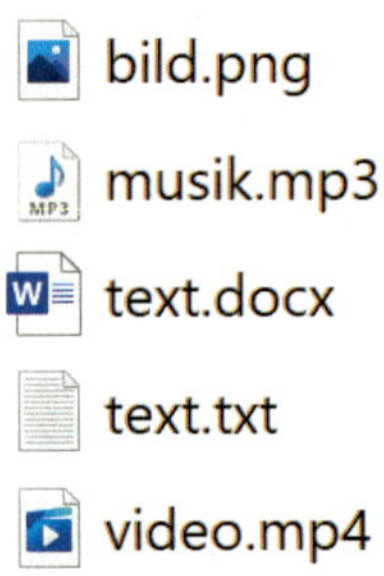

2 Dateiendung

Abkürzungen

png: engl. portable network graphics

svg: engl. scalable vector graphics

jpg: engl. joint photographic group

In sozialen Netzwerken können Fotos und Videso geteilt werden. Hierfür gibt es verschiedene Dateiformate → 1

Dokumente • Beim Öffnen eines Programms erscheint in dem Titel oft „Neues Dokument“.
Viele Programme fassen alle Inhalte in einem Dokument zusammen. Ein Textdokument enthält beispielsweise alle eingetippten Buchstaben, Zahlen und Satzzeichen.

Dateien • Ein Dokument kann abgespeichert werden. Durch das Speichern wird aus dem Dokument eine Datei. Alle Informationen und Inhalte des Dokuments werden in dieser Datei hinterlegt. Eine Datei ist kannst du dir wie eine Klarsichtfolie in einem Ordner vorstellen, in der Dokumente reingelegt werden.

Dokumente werden als Dateien im Festspeicher abgelegt.

Dateiformat • Dabei verwendet jedes Programm eine eigene, festgelegte Darstellungsform. Dies wird Dateiformat genannt. Eine Dateiendung nach dem Dateinamen gibt das Dateiformat an. → 2 Für Videos gibt es verschiedene Videoformate wie beispielsweise mov. Für Grafikformate werden oft jpg, png und svg genutzt. → 1

Zum Bearbeiten eines bestimmten Dateityps wird immer das passende Programm benötigt.

Aufgaben

1 Beschreibe das Vorgehen beim Erstellen und Speichern eines Textes.

2 Nenne mehrere Dateiformate.

3 Erkläre, wieso Dokument und Datei nicht als Synonym verwendet werden können.

das Dokument
die Datei
das Dateiformat
das Kontextmenü
editierbar

Material A

Das Kontextmenü

Mit einem rechten Mausklick auf einer Datei öffnet sich ein Fenster. Es wird Kontextmenü genannt.
Hier können verschiedene Befehle angeklickt werden. → 3

3 Kontextmenü

1 Beschreibe verschiedene Befehle des Kontextmenüs. → 3

2 Untersuche die verschiedenen Dateitypen auf einem PC.
- Mit welchen Programmen lässt sich die Datei öffnen?
- Welche Eigenschaften hat die Datei?
- Wohin kann die Datei gesendet werden?

Material B

Dateitypen auswählen

Viele Programme bieten mehrere Dateitypen an.

1 Nenne den Dateityp, den dein Grafikprogramm als Standard anbietet.
Tipp • Erstelle ein neues Grafikdokument und speichere es ab.

2 Nenne weitere Dateitypen, die möglich sind.

3 Erkläre den Vorteil einer Auswahl mehrerer Dateitypen.

Material C

Dateien bearbeiten

Manche Dateitypen können bearbeitet werden. Sie sind editierbar. Andere Dateitypen wie PDF können in der Regel nicht bearbeitet werden. Sie sind nicht editierbar. Editierbare Dateien können auch als nicht editierbare Dateien gespeichert werden. → 4

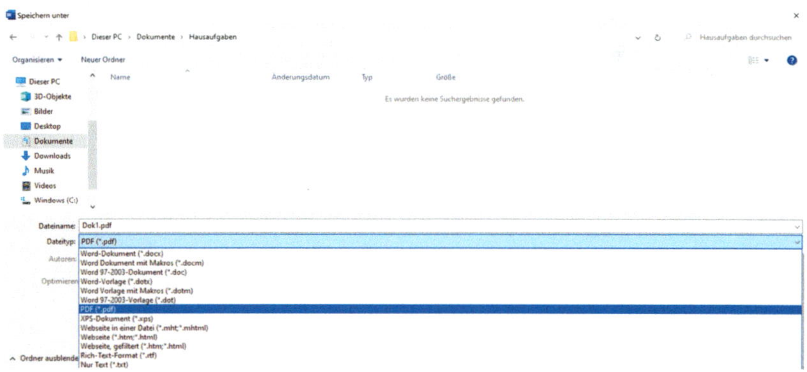

4 Eine editierbare Text-Datei als eine nicht editierbare Datei speichern.

1 Schreibe einen kurzen Text und speichere diesen als editierbare Datei. Beschreibe dein Vorgehen.

2 Speichere deinen Text als nicht editierbare Datei. Öffne diese Datei und beschreibe deine Beobachtung.

3 Erkläre die Vorteile und Nachteile für eine editierbare und eine nicht editierbare Datei.

Verwalten von Dateien

1 Analoger Ordner mit Trennblättern.

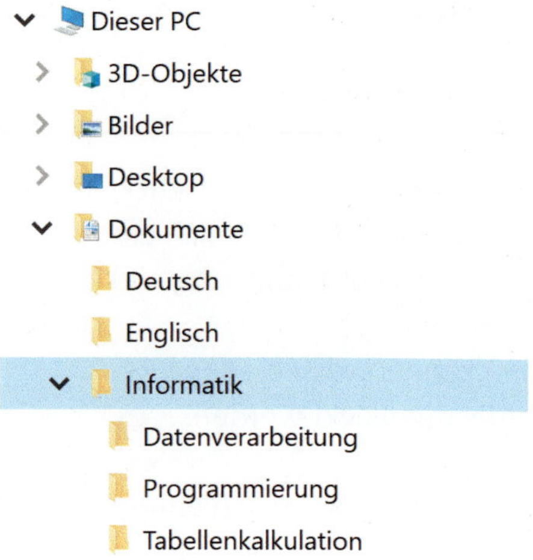

2 Digitale Ordner mit Unterordnern.

Um Dokumente schneller wiederzufinden helfen Ordner mit Trennblättern.

Ordner • In einem analogen Ordner können Arbeitsblätter abgeheftet werden. Bunte Trennblätter helfen dabei diese nach Themen zu sortieren. → 1 Ähnlich wie die analogen Ordner werden auch digitale Ordner verwendet. In einem Ordner können sich Dateien und Unterordner befinden. Mit den Unterordnern können die Dateien wie mit den Trennblättern nach Themen sortiert werden. Diese Ordnung wird Verzeichnisstruktur genannt. → 2

Ordner können Dateien und Unterordner beinhalten. Sie helfen dabei Dateien zu ordnen.

Pfad • Der Weg bis zum richtigen Unterordner wird Pfad genannt. Die richtige Schreibweise lautet zum Beispiel: C:\Eigene Dateien\Informatik\Datenverarbeitung\AB_1.txt

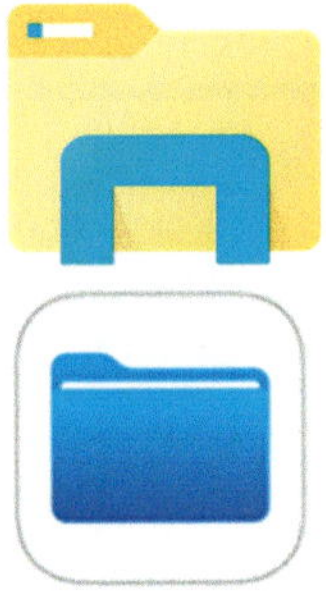

3 Dateimanager

Dateimanager • Die Dateiverwaltung übernimmt das Betriebssystem. Es gibt Anwendungen, die das erleichtern: Dateimanager. Damit können Dateien gespeichert, umbenannt und gelöscht oder neue Ordner anlegt werden. Der Pfad wird am oberen Rand des Dateimanagers angezeigt. → 3

Das Betriebssystem verwaltet Dateien und Ordner in Verzeichnissen. Im Dateimanager können Dateien und Ordner organisiert werden.

Ordnung • Ordner und Dateien sollten eindeutig benannt werden. Auch eine logische Verzeichnisstruktur kann helfen Dateien zu finden. Dabei sollte ein Ordnungsschema festlegt werden. Wird dennoch eine Datei gesucht, hilft die Dateisuche im Dateimanager. Um Ordnung in eine Verzeichnisstruktur zu bringen, bietet der Dateimanager Methoden an: löschen, kopieren, ausscheiden und umbenennen.

der Ordner
die **Verzeichnisstruktur**
der **Pfad**
der **Dateimanager**
die **Cloud**

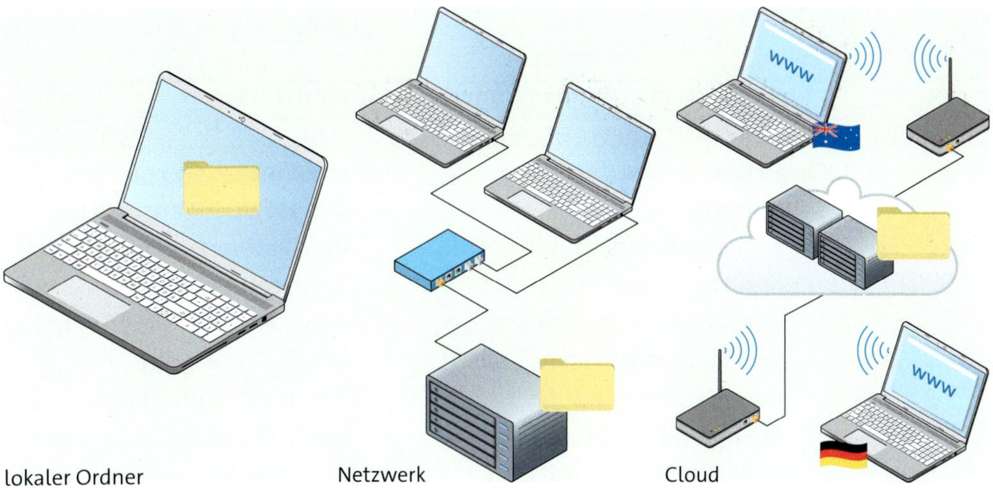

4 Verschiedene Speicherorte

Lokale Ordner • Werden Dateien in Ordnern auf einem Festspeicher des Computers vor Ort gespeichert, spricht man von lokalen Dateien. Die Ordner auf dem Computer vor Ort werden lokale Ordner genannt. Diese Datei kann nur von jemanden geöffnet werden, der Zugriff auf diesen Computer und seinen Festspeicher hat. → 4

Netzwerk • Um Dateien mit einer anderen Person zu teilen, müssen beide Computer Teil eines Netzwerkes sein. Mehrere miteinander verbundene Computer bilden ein Netzwerk. Sie werden meistens durch Netzwerkkabel und Verteiler verbunden. Oft befinden sich in einem größeren Netzwerk auch Dateiserver. Das sind Computer, die viele Dateien speichern. Wenn der Computer der teilenden Person und der empfangenden Person mit diesem Netzwerk verbunden sind, können sie Dateien austauschen. Schulen haben oft ein eigenes Schul-Netzwerk. → 4

Clouddienste • Eine Datei kann überall auf der Welt mithilfe einer Cloud geöffnet werden. Die Dateien befinden sich dann auf Servern in einem Rechenzentrum. Auf sie kann über das Internet zugegriffen werden. → 4

Dateien können auf verschiedenen Speicherorten gespeichert sein. Je nach Verwendung sind die Dateien lokal oder im Internet gespeichert.

Aufgaben

1 Vergleiche einen analogen Ordner mit einem digitalen Ordner.

2 Erkläre Möglichkeiten Dateien und Ordner zu verwalten.

3 Erkläre Verwendungszwecke der verschiedenen Speicherorte. Recherchiere über mögliche Vorteile und Nachteile im Internet.

Verwalten von Daten

Material A

Ordnerstrukturen

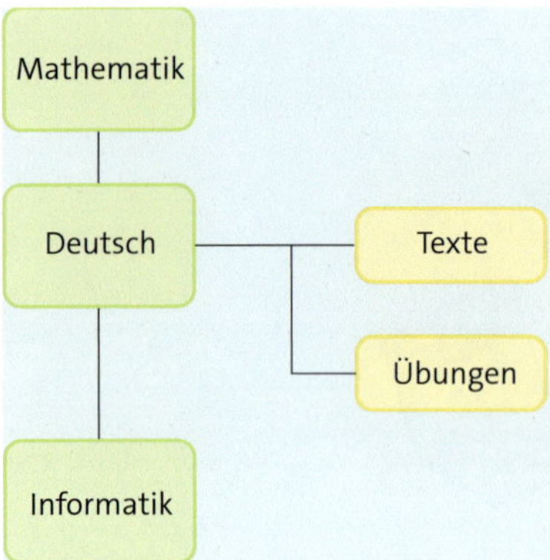

1 Ordnerstruktur

1 In der Grafik ist eine Ordnerstruktur dargestellt. → 1

a Beschreibe die Ordnerstruktur.

b Lege nach dem nebenstehenden Beispiel eine Ordnerstruktur mit Ordnern und Unterordnern auf deinem Rechner an.

c Füge noch das Schulfach „Erdkunde" mit den Unterordnern „Euorpa", „Afrika" und „Asien" ein.

Material B

Dateimanager

1 Im Windows-Explorer kannst du Eigenschaften von Dateien verändern.

a Erstelle im Ordner „Deutsch" eine Textdatei „D_Übung.txt".

b Benenne die Datei in „D Text 1.txt" um.

c Schneide die Datei „D Text 1.txt" aus und füge sie in den Ordner „Texte" ein.

Material C

Baumstrukturen

Das Diagramm stellt eine sogenannte Baumstruktur dar. Sie besteht aus einer Wurzel, von der Kanten zu Knoten weisen. Ein Knoten kann wieder Ausgangspunkt für neue Kanten und Knoten sein. Knoten, von denen keine weiteren Kanten ausgehen, heißen Blätter. → 2

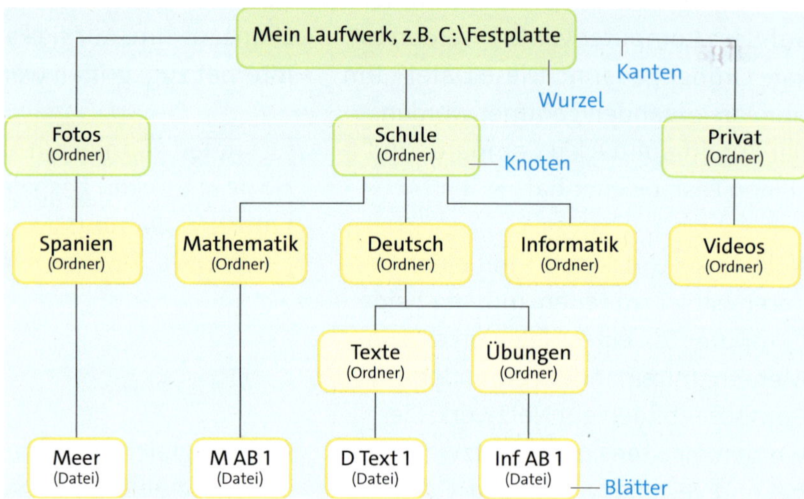

2 Baumstruktur

1 Zeichne dieses Baumdiagramm nach.

a Füge zusätzlich das Fach Erdkunde mit Unterordnern und Dateien ein.

b Ergänze in deiner Zeichnung folgende Dateien:

- C:\Privat\Videos\Übersicht.txt
- C:\Fotos\Spanien\Freund.jpg
- C:\Fotos\Nordsee\Haus.jpg

c Die Datei „Informatik Blatt 1" liegt im falschen Ordner. Ordne die Datei dem passenden Ordner zu.

Projekt

Recherchedateien ordnen

Für den Erdkundeunterricht sollt ihr für die Länder Afrikas Informationen recherchieren und in Ordnern organisieren. Hierfür benötigt ihr eine Verzeichnisstruktur mit Unterordnern und verschiedenen Dateitypen.

Sammelt folgende Informationen für die Recherche:

- Bild der Nationalflagge
- Lied der Nationalhymne
- Text der Nationalhymne
- Text mit einem Steckbrief
- Präsentation mit allen Informationen

3 Karte von Afrika

Aufgaben

1 Erstellt eine Verzeichnisstruktur für die Rechercheaufgabe.

2 Nennt die Dateitypen, die ihr bei der Recherche findet.

3 Sucht im Internet nach den Dateien und speichert sie in dem passenden Ordner ab. Teilt dafür die Länder unter euch auf.

4 Nennt Vorteile einer gut strukturierten Verzeichnisstruktur beim Arbeiten im Team. Erklärt, was ihr noch verbessern könntet.

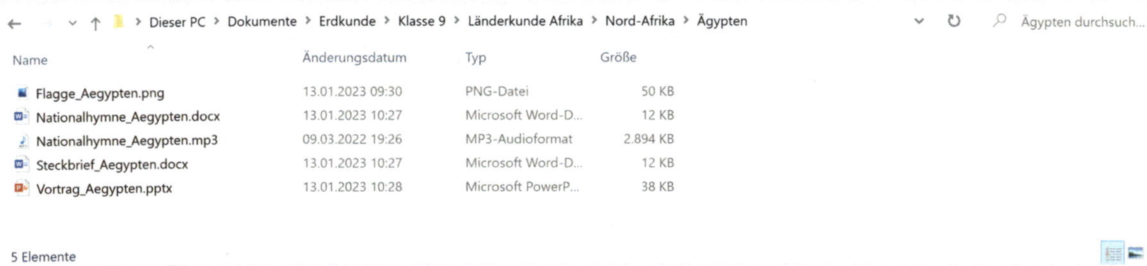

4 Ordner „Ägypten“

Zusammenfassung

Computersysteme • Jeder Computer, jedes Smartphone und jede Spielkonsole benötigt folgende Grundbauteile, um zu funktionieren: Speicher, Prozessor (CPU), Arbeitsspeicher (RAM). Sie werden Computersysteme genannt. Weitere Bauteile sind Peripheriegeräte wie zum Beispiel ein Monitor, eine Tastatur und Lautsprecher.

Speichern von Daten • Daten können auf elektronischen, magnetischen oder optischen Speichermedien gespeichert werden. Es gibt Wechselspeicher wie USB-Sticks und Festspeicher wie SSD-Platten. → 1

1 USB-Stick

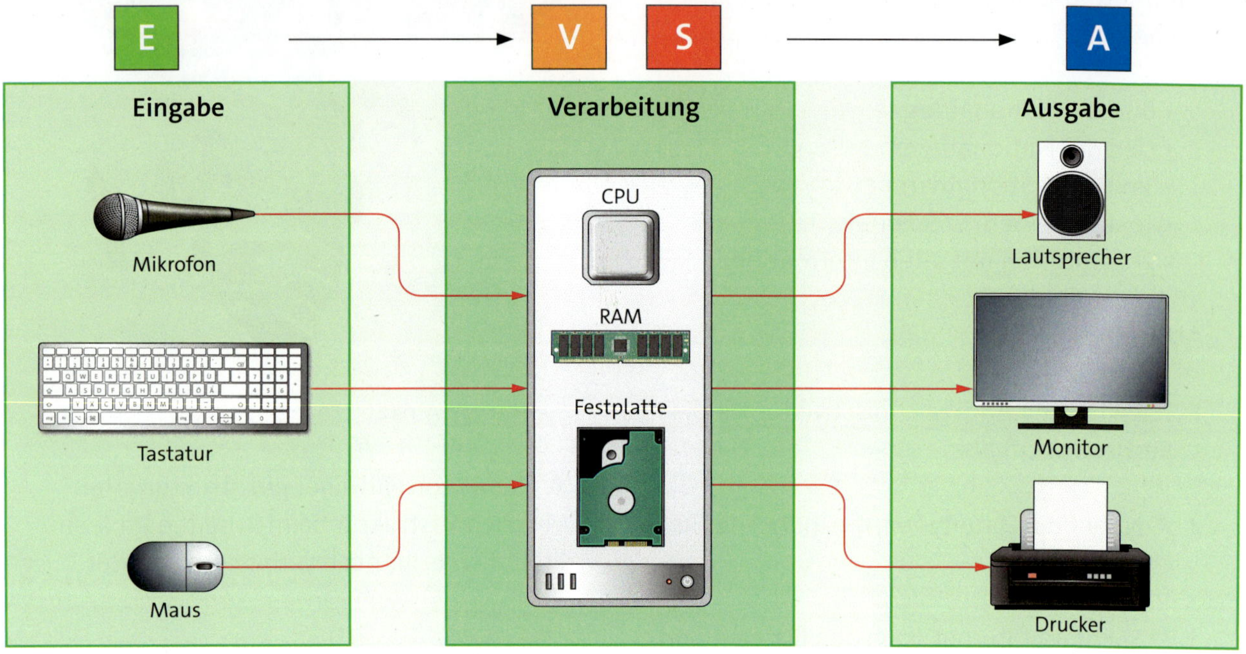

2 Das EVA-Prinzip mit verschiedenen Beispielen

Dokumente und Dateien • Mit einigen Computerprogrammen können Dokumente erstellt werden. Diese werden nach dem Erstellen als Datei gespeichert. Dateien können in Ordnern und Unterordnern abgelegt werden. Es gibt verschiedene Speichermedien. Dateien können auf elektronischen, magnetischen und optischen Speichern gespeichert werden. Fest verbaute Speicher werden Festspeicher genannt. Speicher wie USB-Sticks sind Wechselspeicher.

Verwalten von Dateien • Ein Betriebssystem verwaltet Dateien und Ordner. Dateimanager sind Verwaltungsprogramme mit deren Hilfe Dateien, Unterordner und Ordner organisiert werden. Dateien können über die Dateisuche gesucht und über das Kontextmenü mit verschiedenen Methoden bearbeitet werden. Dateien können lokal auf einem Rechner, in einem Netzwerk oder über das Internet in einer Cloud genutzt werden.

Teste dich! (Lösungen auf Seite 140)

Computersysteme

1 ◩ Beschreibe Unterschiede zwischen Hardware und Software.

2 ◪ Bennene Peripheriegeräte, die einem Desktop-PC hinzugefügt werden müssen, damit du ein Compterspiel spielen kannst.

3 ⊠ Vergleiche den Aufbau eines Smartphones mit dem Aufbau eines Laptops.
a Nenne jeweils Gemeinsamkeiten und Unterschiede.
b Nenne jeweils Vorteile und Nachteile.

Das EVA-Prinzip

4 ◩ Beschreibe die Schritte des EVA-Prinzips und nenne jeweils ein Beispiel.

5 ◩ Erstelle eine Tabelle mit Eingabe, Verarbeitung und Ausgabe. Ordner möglichst viele Geräte zu.

6 ⊠ Beschreibe die Funktion eines Sprachassistenten mit dem EVA-Prinzip.

Dokumente und Dateien

7 ◩ Nenne typische Dateiformate für Text, Audio, Bild und Video.

8 ◪ Erkläre den Unterschied zwischen einem Dokument und einer Datei.

9 ⊠ Beschreibe den Unterschied zwischen einer editierbaren Datei und einer nicht editierbaren Datei.

Speichern von Dateien

10 ◩ Beschreibe, wie digitale Daten auf einer DVD gespeichert werden.

11 ◪ Gib an, zu welcher Speicherart ein USB-Stick gehört.

12 ◪ Vergleiche den Aufbau eines USB-Sticks mit dem einer SSD-Festplatte. Nenne jeweils Vorteile und Nachteile.

13 ⊠ Clouddienste speichern riesige Datenmengen.
a Gib an, welche Speicherart in den Rechenzentren der Clouddienste genutzt wird.
b Beschreibe, wie die digitalen Daten auf diesen Speichern abgelegt werden.

Verwalten von Dateien

14 ◩ Ein Betriebssystem verwaltet Dateien. Nenne eine Möglichkeit, diese zu ordnen.

15 ◩ Nenne Vorteile und Nachteile eines Clouddienstes gegenüber einem lokalen Speicherort.

16 ◩ In Ordnern werden Dateien gespeichert. Im Windows-Explorer kannst du Eigenschaften von Dateien verändern.
a Erstelle im Ordner „Deutsch“ eine Textdatei „D_Übung.txt“.
b Benenne die Datei in „D Text 1.txt“ um.
c Schneide die Datei „D Text 1.txt“ aus und füge sie in den Ordner „Texte“ ein.

17 ◪ Erkläre Möglichkeiten Ordnung im Verzeichnis zu halten.

18 ⊠ Zeichne ein Baumdiagramm einer Verzeichnisstruktur für deine Schuldateien. Beschrifte dabei die Wurzel, die Knoten und die Blätter.

Einstieg in die Programmierung

Programme werden mithilfe von Programmiersprachen in einer Programmierumgebung geschrieben.

Jedes Programm arbeitet mit Algorithmen, die im Hintergrund ablaufen. Auch Social Media Plattformen nutzen Algorithmen.

In vielen Alltagshelfern sind Senoren und Aktoren verbaut. Diese müssen über Computer gesteuert werden.

Computerprogramme

1 Eine Waschmaschine biete viele verschiedene Waschprogramme an.

In vielen elektrischen Geräten im Alltag befinden sich kleine Computer. Sie werden von Programmen gesteuert.

Software • Mit einer Waschmaschine kann schmutzige Wäsche in verschiedenen Programmen gewaschen werden. → 1 Damit die Waschmaschine funktioniert besteht sie aus Hardware und Software. Hardware sind alle technischen Bauteile. Bei der Waschmaschine ist das beispielsweise das Display. Software kann man dagegen nicht sehen oder anfassen. Sie besteht aus Programmen und Daten, die vom Computer verarbeitet werden.

App • Eine Anwendungssoftware ermöglicht Benutzern bestimmte Aufgaben zu erledigen. Anwendungen werden mit App abgekürzt. Die Apps einer Waschmaschine können verschiedene Arten von Wäsche richtig waschen.

Abkürzungen

App (engl. application): Anwendung

Betriebssystem • Damit eine Anwendungssoftware auf einem Computer ausgeführt werden kann, muss ein Betriebssystem vorhanden sein. Es läuft im Hintergrund und sorgt dafür, dass alle Hardwarekomponenten und Programme richtig miteinander arbeiten. Gängige Beispiele dafür sind Windows, Linux, iOS und Android.

Software ist ein Oberbegriff für Programme.

Algorithmus • Algorithmen verarbeiten Daten um Probleme zu lösen. Sie bestehen aus einer endlichen Anzahl von eindeutigen Anweisungen. Algorithmen findet man auch in einer Waschmaschine:

1. Wasser einfüllen.
2. Waschpulver hinzufügen.
3. Wasser erhitzen und Wäsche bewegen bis Zieltemperatur erreicht ist.

die Software
die Anwendungssoftware
das Betriebssystem
der Algorithmus
die Syntax

4. Wasser abpumpen.
5. Wäsche zweimal mit Wasser spülen.
6. Wäsche schleudern.

Jeder Schritt ist dabei eindeutig formuliert und wird Anweisung genannt.

Ein Algorithmus sollte möglichst kurz, sehr genau, verständlich und eindeutig aufgeschrieben werden.

Programm • Programme beschreiben Algorithmen und Daten so, dass ein Computer sie verarbeiten kann. Dazu ist eine Programmiersprache oder eine Programmierumgebung nötig.

Programmierung • Ein Problem kann mit einem Algorithmus auf einem Computer gelöst werden. Dafür müssen die Anweisungen so dargestellt werden, dass ein Computer sie ausführen kann. Diesen Vorgang nennt man Programmierung. Dazu kann man Programmblöcke in einer Programmierumgebung anordnen. Man kann auch einen Programmtext schreiben.

Programmiersprache • Zum Entwickeln von Programmen gibt es verschiedene Programmiersprachen und Programmierumgebungen. Programmiersprachen haben exakt festgelegte Regeln für den Aufbau und die Schreibweise. Dies wird Syntax genannt. Mit der Programmierumgebung Scratch lassen sich beispielsweise Anweisungsblöcke zu Programmen zusammensetzen. → 2 Andere Programmiersprachen wie Python nutzen Text.

2 Programm in Scratch

Entwicklungsumgebung • Eine Entwicklungsumgebung unterstützt das Programmieren, indem sie mögliche Anweisungen als Auswahl anbietet. Weiterhin kontrolliert sie die Syntax. Sie sorgt für die Übersetzung des Programms in eine für den Computer ausführbare Form.

Ein Algorithmus zur Lösung eines Problems, der in einer konkreten Programmiersprache formuliert ist, heißt Programm.

Aufgaben

1 Erkläre den Unterschied zwischen einer Anwendungssoftware und einem Betriebssystem.

2 Erkläre den Begriff Algorithmus.

3 Beschreibe Abläufe aus deinem Alltag.

4 Erkläre das Programm in Scratch. → 2

Computerprogramme

Material A

Eindeutige Anweisungen

Computerprogramme bestehen aus eindeutigen Anweisungen. Probiere aus, wie genau „eindeutig“ sein muss. Mit sogenannten Pseudocodes beschreibt man Programme in für Menschen lesbarer Form. Rechts wird wird das Programm für einen menschlischen Roboter in Pseudocode gezeigt. → 1

```
Gehe einen Schritt vorwärts.
Wenn du an ein Hindernis (z.B. Möbel) stößt
  gehe einen Schritt zurück und
  drehe dich um 90 Grad nach rechts.
Wenn du die Tür berühren kannst
  beende das Programm.
```

1 Programm für den menschlichen Roboter in Pseudocode

1 Untersucht zu zweit das Programm für den menschlichen Roboter. → 1

a Führt das Programm aus. Achtet genau auf die Anweisungen.

b Beschreibt Verbesserungen für das Programm.

Material B

Informatik ist überall

Ohne Informatik wäre der Containerverkehr weltweit nicht denkbar. Über 10.000 Container werden pro Tag in Hamburg bewegt. → 2
Ein Kran soll drei Container von Schiff 1 für den Weitertransport auf Schiff 2 verladen. Zum Umladen werden in der Regel Flächen im Terminal genutzt. Dort werden die Container zwischengelagert. → 3
Wenn das erste Schiff entladen ist, fährt es weg. Ein zweites Schiff macht am Terminal fest. Nun kann der Kran Schiff 2 beladen.

2 Kran mit Container

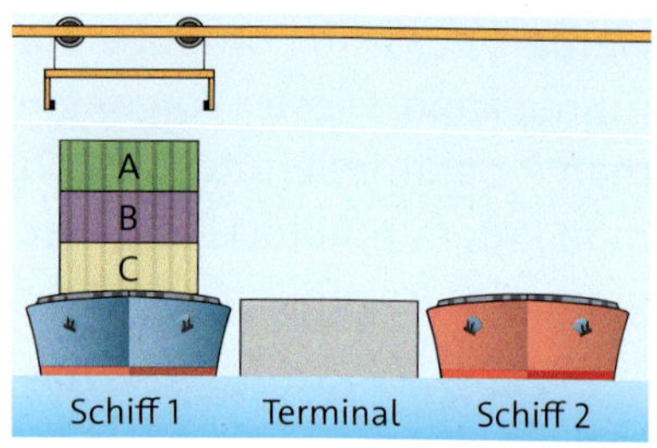

3 Beladen von Schiff 2

Zur Steuerung des Krans stehen verschiedene Anweisungen zur Verfügung:

- Links
- Rechts
- Runter
- Hoch
- Zugreifen
- Loslassen

1 Beschreibe den Algorithmus für das Umladen der Container. Notiere alle notwendigen Schritte, um Schiff 1 zu entladen.

2 Gib die Reihenfolge der Container an, nachdem Schiff 2 beladen wurde.

Material C

Abläufe im Alltag

Bestimmt hast du schon einmal nach einer Anleitung gehandelt und vielleicht sogar selbst eine Anleitung geschrieben. Dabei bist du in mehreren Einzelschritten einem Ablauf gefolgt und hast so dein Ziel erreicht. Im Alltag begegnen uns viele solche Folgen von Anweisungen.

1 Erstelle eine Mindmap mit Abläufen, denen du gefolgt bist oder die du schon selbst beschrieben hast.

2 Beschreibe folgende Abläufe in einzelnen Anweisungen.
a Füllerpatronen wechseln
b Bleistift anspitzen
d Schultasche packen

3 Gehe genau nach einer in deiner Klasse erstellten Beschreibung aus Aufgabe 2 vor und versuche anhand dieser den beschriebenen Ablauf umzusetzen.

4 Finde Eigenschaften, die eine gute Anleitung ausmachen. Notiere sie.

Material D

Abläufe in Games

Videospiele funktionieren dank vieler und komplexer Algorithmen. Wenn du beispielsweise eine festgelegte Punkteanzahl erreichst, steigst du ein Level auf. Dies kann würde im Pseudocode so aussehen:

```
Wenn Punkte >1
  setze Level auf 1
Wenn Punkte = 100
  erhöhe Level auf 2
...
```

1 Beschreibe den Algorithmus für das Aufsteigen in ein höheres Level. Ergänze den Pseudocode um weitere Zeilen.

2 Suche dir ein Videospiel aus und untersuche es. Notiere in einer Mindmap Funktionen, die durch einen Algorithmus gesteuert werden.

3 Beschreibe einen Algorithmus für die Steuerung von einem Avatar durch ein Labyrinth.

Material E

Tanzen nach Anleitung

Nick ist von einem Tanz begeistert, den er auf der letzten Party kennengelernt hat, und gibt seiner kleinen Schwester die Anleitung unten.

1. Strecke die rechte Hand vor, die Handfläche zeigt nach unten.
2. Strecke ebenso die linke Hand vor.
3. Drehe die Handflächen nacheinander nach oben.
4. Lege jeweils nacheinander die Hände auf die Schulter, dann hinter den Kopf und zuletzt auf die Hüften.
5. Kreise die Hüfte und drehe zum Abschluss mit einem Sprung 90° nach links.
6. Beginne von vorne, bis die Musik zu Ende ist.

1 Untersuche welche Eigenschaften eines Algorithmus die Tanzanleitung erfüllt. Begründe deine Antwort.

2 Schreibe einen eigenen Tanz als Algorithmus.

Erste Schritte

1 Die Theater-AG möchte ein neues Bühnenstück aufführen.

Um Ideen zu entwickeln, wie die einzelnen Szenen aussehen könnten, soll ein Computerprogramm entwickelt werden, mit dem man die Bühne und die Darsteller simulieren kann. → 1

Scratch • Mit einer grafischen Programmierumgebung lässt sich ein solches Programm schreiben. Ein Programm wird aus einzelnen Blöcken aufgebaut. Ein Beispiel für so eine grafische Programmierumgebung ist Scratch. Damit kannst du Spiele programmieren, Filme animieren, interaktive Geschichten erzählen und vieles mehr programmieren. → 2

Die Blöcke • In Scratch können Blöcke mit vordefinierten Funktionen zusammengesetzt werden. Sie lassen sich wie Puzzleteile zusammenstecken. Die Blöcke unterscheiden sich in ihrer Form und durch die Farbe.

Die Kategorien • Die Blöcke sind einzelnen Kategorien wie beispielsweise Bewegung zugeordnet. Kategorien können im Blockmenü ausgewählt werden. Alle Blöcke einer Katerogie haben die gleiche Farbe. Jede Kategorie beinhaltet Blöcke mit ähnlichen Anweisungen. Sie haben verschiedene, aber ähnliche Funktionen. Bei einigen Kategorien unterscheiden sich die Formen so, dass sie unterschiedlich aneinander gesteckt werden.

Eine Kategorie ist eine Gruppe von Blöcken, die ähnliche Anweisungen ausführen.

Das Skript • Damit in Scratch ein Programm ausgeführt werden kann, benötigt man mindestens ein Skript und eine Figur. Ein Skript ist eine Gruppe von kombinierten Blöcken. Es ist ein Teilprogramm, das immer zu einer Fi-

Scratch
das Skript
die Figur
das Kostüm
die Bühne

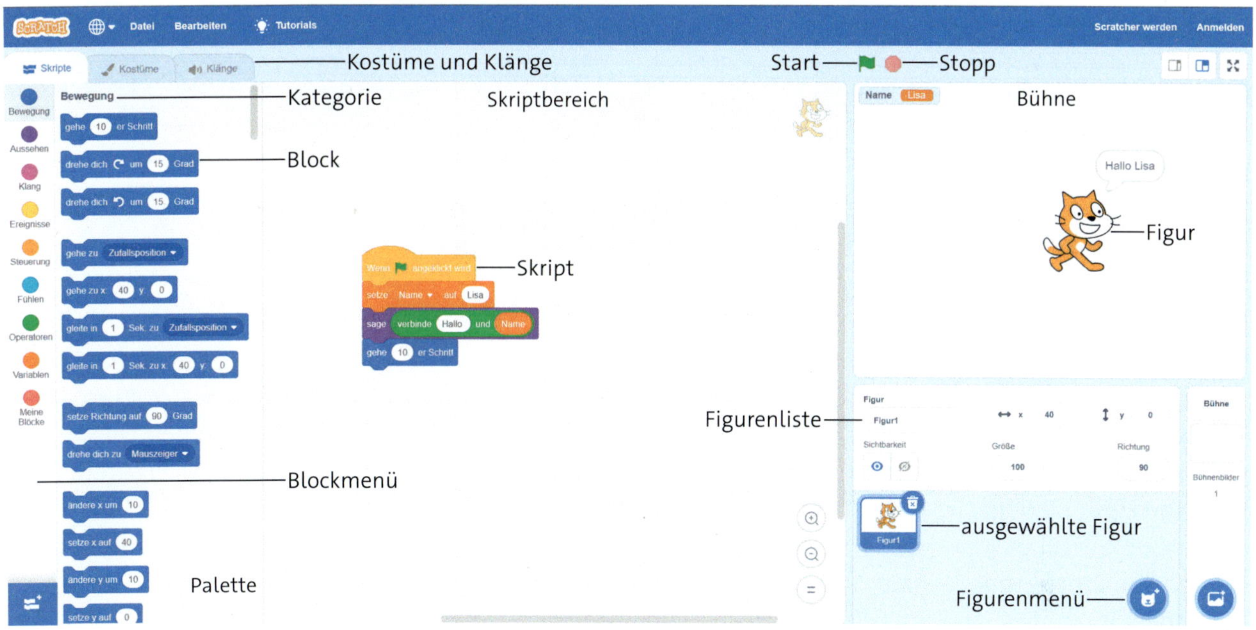

2 Die Benutzeroberfläche von Scratch

gur gehört. Eine Figur kann mehrere Skripte haben. Ein Programm besteht aus Figuren und ihren Skripten.

Die Figur • Die Figur befindet sich auf einer Bühne, die auch einfach weiß sein kann. Wenn du ein Skript für eine andere Figur bearbeiten möchtest, wähle sie in der Figurenliste aus. Im Skriptbereich erscheinen dann die Skripte, die der Figur zugeordnet sind. Neue Figuren durch Anklicken des Hinzufügen-Buttons erstellt werden.

Das Kostüm • Jede Figur kann ihr Aussehen durch Kostüme ändern. Wenn nur Kleinigkeiten verändert werden, kann so die Bewegung einer Figur dargestellt werden. Dafür müssen die verschiedenen Kostüme schnell hintereinander angezeigt werden.

Die Bühne • Auf der Bühne siehst du, wie sich die Figuren verändern, sobald mindestens ein Skript ausgeführt wird. Mit der grünen Fahne wird ein Programm gestartet und mit dem roten Punkt wird es gestoppt. Die Bühne kann mehrere Bühnenbilder als Hintergrund haben.

Aufgaben

1 Beschreibe die Benutzeroberfläche von Scratch. → 2

2 Erkläre, was die Farben und Formen der Blöcke bedeuten.

3 Erkläre den Zusammenhang zwischen Figur, Skript, Bühne und Kostüm.

Erste Schritte

Material A

Dein erstes Programm

Überlege dir einen einfachen Dialog zwischen zwei Personen. Schreibe dir Stichpunkte dazu auf. Stelle deinen Dialog mit Figuren auf der Scratch-Bühne dar.

1. Programmiere eine Bewegung für ein Ereignis, damit sich eine Figur bewegt. → 1

2. Füge den Block „sage“ hinzu. Du findest ihn unter „Aussehen“.

3. Füge eine zweite Figur und ein Skript für ihre mit Bewegung und Text hinzu.

1 Skript für die Bewegung einer Figur beim Drücken einer Taste

Bewegung einer Figur
Die horizontale Position deiner Figur (links, rechts) wird durch den Wert der Koordinate „x“ bestimmt.

Die vertikale Position deiner Figur (oben, unten) wird durch den Wert der Koordinate „y“ bestimmt.

1 Erstelle ein Programm in Scratch für einen Dialog zwischen zwei Figuren.

2 Spielt zu zweit den Dialog durch.

3 Füge weitere Ereignisse, Anweisungen, Figuren oder Klänge hinzu.

Material B

Hai Herbert

Das folgende Beispiel zeigt eine kleine Animation, in der der Hai Herbert von seinem großen Traum erzählt. → 2

1 Beschreibe schrittweise die Anweisungen für Hai Herbert.
Nenne die Blöcke, die du für ein Programm benötigst.

2 Erstelle ein Progrann in Scratch, das die Geschichte von Herbert erzählt. → 2

3 Füge dem Programm Klänge hinzu.

2 Die Geschichte von Hai Herbert.

Projekt

Ein Programmierprojekt planen

Projekte werden meist im Team bearbeitet, weil es sonst zu lange dauern würde. Unterschiedliche Erfahrungen und Sichtweisen Einzelner helfen schwierige Aufgabenstellungen zu lösen. Zur Abstimmung ist eine Planung besonders wichtig. Oft besteht ein Projekt aus sich wiederholenden Durchläufen. In dem ersten Durchlauf erstellt das Team ein Modell des Produkts, das nur wie das Ziel aussieht. Das wird Prototyp genannt. So können alle im Team miteinander ihre Vorstellungen davon abgleichen, wie es werden soll. Anschließend werden die einzelnen Funktionen in Aufgaben-Kärtchen geordnet und in den folgenden Durchläufen nach und nach programmiert.

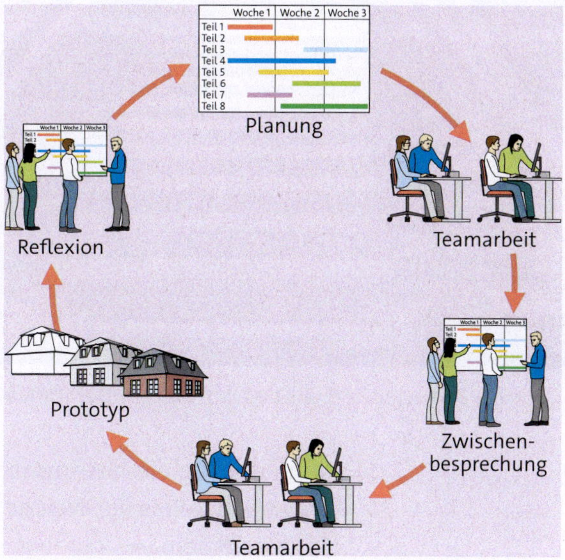

3 Ablauf bei einem Programmierprojekt

zu tun	in Arbeit	fertig
Bühnenbild überarbeiten	Musik komponieren	Dialoge schreiben
Kostüme gestalten	Beleuchtung ausrichten	
Bewegung programmieren		

4 Projekt-Board

1. Planungsphase

Es wird das Ziel des aktuellen Durchlaufs festgelegt. Jede Anforderung an das Projekt wird priorisiert. In einem Projekt-Board werden die Aufgaben notiert. → 4

2. Arbeitsphase

In kleinen Programmierteams werden die einzelnen Aufgeben umgesetzt. Zwischendrin findet ein kurzer Austausch statt.

3. Reflexionsphase

In einem Reflexionsmeeting wird darüber gesprochen, welche Teilziele bereits erreicht wurden. Aufgetauchte Probleme können für den nächsten Durchlauf besprochen werden. Oft kommen dabei neue Aufgaben hinzu.

Aufgaben

1 Plant mithilfe der digitalen Vorlage ein einfaches Spiel in Scratch.

2 Nutzt die ausgefüllte Planungsvorlage aus Aufgabe 1 und erstellt das Spiel in Scratch in Teamarbeit.

Anweisung und Verzweigung

1 Wie im Schienennetz gibt es in Programmen Verzweigungen.

```
Wenn
  Gleis = 1
  stelle Weiche auf links
Sonst
  stelle Weiche auf rechts.
```

```
Wenn
  Tag = Mo; Di; Mi; Do; Fr
  gehe zur Schule
Sonst
  führe Hobby aus.
```

2 Verzweigungen als Pseudocode

Wenn der Zug ein bestimmtes Gleis anfahren soll, muss die Weiche richtig eingestellt sein. → 1

Anweisung • Der kleinste Teil eines Computerprogramms wird Anweisung genannt. Jede Anweisung steht für einen Arbeitsschritt, den der Computer ausführen soll. Ein Computer führt einzelne Anweisungen nacheinander aus. Mehrere Anweisungen, die nacheinander ausgeführt werden, sind eine Sequenz.

Parameter • Viele Anweisungen können über über Parameter angepasst werden. Das können Zahlen oder andere Werte sein. Eine Sequenz, mit der die passenden Startwerte festgelegt werden, heißt Initialisierung.

Ein Computer führt mehrere Anweisungen als Sequenz hintereinander durch.

Verzweigung • Manche Anweisungen oder Sequenzen sollen nur ausgeführt werden, wenn bestimmte Bedingungen eintreten. So soll beispielsweise ein Zug ein ganz bestimmtes Gleis anfahren. → 1 2 Dafür wird eine Verzweigung eingesetzt. Mit ihr kann der Ablauf eines Programms gesteuert werden. Eine Verzweigung besteht aus einer Bedingung und einer oder mehreren Sequenzen.

Bedingung • Die Bedingung kann die Werte „wahr" oder „falsch" annehmen. Hat die Bedingung den Wert „wahr", dann wird die erste Sequenz in der Verzweigung ausgeführt. Die zweite Sequenz wird ausgeführt, wenn die Bedingung den Wert „falsch" annimmt.

Anweisungen können an Bedingungen geknüpft sein. So entstehen Verzweigungen in einem Programm.

Synonyme

Anweisung: Befehl

Sequenz: Befehlsfolge

Verzweigung: bedingte Anweisung, if-Anweisung

die Anweisung
die Sequenz
der Parameter
das Struktogramm
das Flussdiagramm

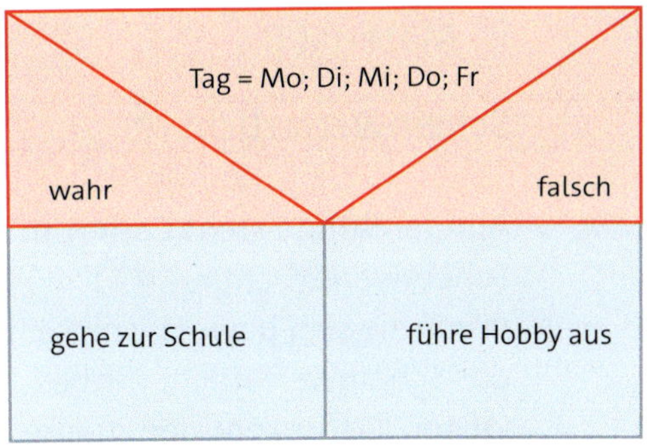

3 Struktogramm einer Verzweigung

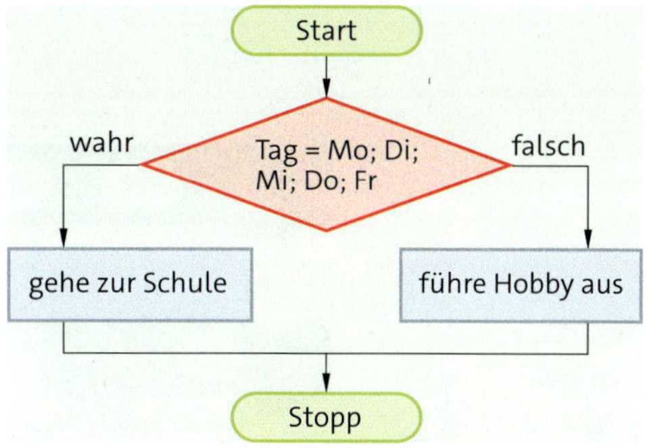

4 Flussdiagramm einer Verzweigung

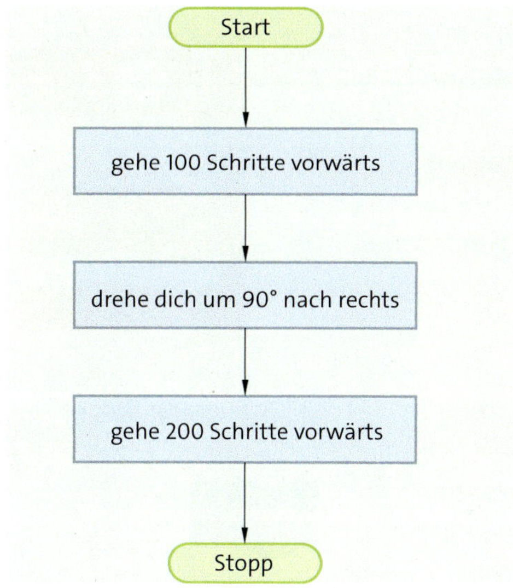

5 Flussdiagramm einer Sequenz

Struktogramm • Die Struktur eines Programms lässt sich durch ein Struktogramm grafisch darstellen. Damit kann das Programm geplant werden, bevor es implementiert wird. Implementieren ist das Umsetzen von Ideen in tatsächliche Programme. Im Struktogramm werden Anweisungen als Blöcke dargestellt. Mehrere Blöcke untereinander bilden eine Sequenz. Bei Verzweigungen stehen die Anweisungen nebeneinander. Die Bedingung der Verzweigung wird in einem Kasten darüber genannt. Dieser wird in „wahr" und „falsch" unterteilt. → 3

Flussdiagramm • Eine weitere Darstellungsform ist das Flussdiagramm. Anweisungen stehen in Rechtecken untereinander. → 5 Ein Pfeil verbindet die einzelnen Anweisungen. So bringt er sie in eine Reihenfolge. Verzweigungen werden in Rauten dargestellt. → 4 Für den Start und das Ende eines Programms werden abgerundete Rechtecke verwendet.

Programme und Programmteile lassen sich grafisch darstellen.

Aufgaben

1 Erkläre den Begriff Sequenz.

2 Erstelle ein jeweils Flussdiagramm und Struktogramm für das Beispiel mit der Weiche. → 3

3 Beschreibe einen Ablauf mit mehreren Verzweigungen wie beispielsweise auf dem Schulweg. Erstelle dazu ein Flussdiagramm.

Anweisung und Verzweigung

Material A

Bühnenshow

Conny läuft von links bis rechts über die Bühne. Als sie die die Bühne betritt, sagt sie „Moin!“. Sie geht ein paar Schritte und sagt „Ich bin Conny.“. Zuletzt sagt sie „Tschüss!“. Dann läuft sie nach rechts weiter und verschwindet von der Bühne.

Solche Bühnenshows lassen sich einfach in Scratch implementieren. Es wird folgendes dafür benötigt:
- eine Sequenz
- eine Verzweigung
- verschiedene Parameter

Dafür müssen verschiedene Blöcke in den folgenden Kategorien verwendet werden:
- Bewegen → 1
- Steuern → 2
- Aussehen → 3

1 Benenne in den Blöcken die Parameter. Beschreibe ihre Funktion. → 1 – 3

2 Erstelle ein Flussdiagramm für das Programm.

3 Erstelle ein Programm für Connys Bühnenshow in Scratch ohne eine Verzweigung.

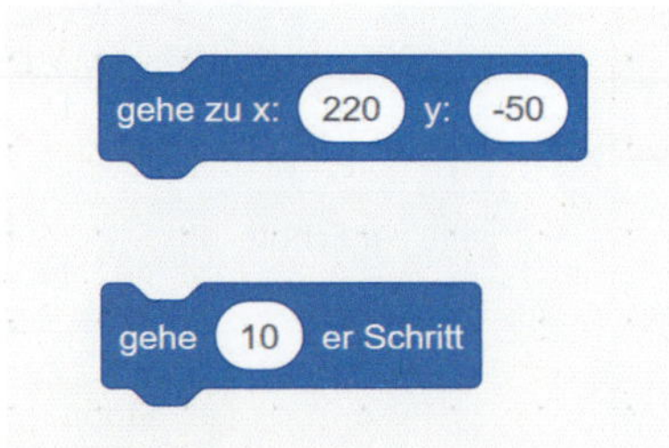

1 Bewegen-Blöcke

2 Steuerung-Blöcke

3 Aussehen-Blöcke

4 Erstelle ein Programm für Connys Bühnenshow in Scratch mit einer Verzweigung. Überlege welche Bedingung erfüllt sein muss.

Material B

Scheinwerferlicht

Auf der Bühne steht Conny im Scheinwerferlicht. → 4 Wenn sie sich bewegt, soll sich das Scheinwerferlicht mitbewegen. Dafür kommen mehrere Bühnenbilder zum Einsatz. Dort ist das Scheinwerferlicht jeweils an der passenden Position eingezeichnet. Die Bühnenbilder können im Programm gewechselt werden.

4 Conny im Scheinwerferlicht

1 Füge dem Bühnenbild aus Material A Scheinwerferlicht hinzu. Erstelle dafür mehrere Bühnenbilder. Zeichne jeweils das Scheinwerferlicht an die Position, wo Conny sich befindet.

2 Füge dem Programm aus Material A die zusätzlichen Bühnenbilder hinzu. Wechsle dafür an der richtigen Stelle im Programm das Bühnenbild.

die Initialisierung
das Initialisieren

Material C

Diagramme zeichnen

Mit einer Verzweigung kann der Durchlauf eines Programms gesteuert werden.

1 Erstelle für folgende Verzweigungen jeweils ein Flussdiagramm und ein Struktogramm.

a Je nach Wetterlage, spiele ich draußen oder drinnen.

b Bei Dunkelheit, schalte ich das Fahrradlicht an.

c Meine Reaktion auf bestimmte Schulnoten.

Material D

Startposition

Eine Initialisierung ist sehr hilfreich beim Lösen von Problemen. Du kannst so recht einfach immer wieder von vorne anfangen. Bei einer Initialisierung werden verschiedene Parameter angepasst. Eine Figur soll beispielsweise wieder von einer bestimmten Position aus starten. Dafür setzt die Initialisierung die Position der Figur wieder genau an diesen Punkt. Sie kann durch einen Tastendruck ausgelöst werden.

Initialisierung durch
- Position (x, y)
- Größe
- Richtung
- Ursprüngliches Kostüm
- Sichtbarkeit

1 Erstelle ein Skript für ein Wettrennen zweier Figuren bis zu einer Ziellinie.

2 Erstelle eine Initialisierung, die durch das Drücken der i-Taste ausgelöst wird.

Material E

Äffchen hat Hunger

Das kleine Äffchen auf dem Spielfeld kann nur über die grünen Felder gehen und maximal 85er-Schritte machen.

1 Beschreibe den Weg des Äffchens zur Banane.

2 Erstelle ein Flussdiagramm für den Weg.

3 Erstelle eine Sequenz zur Initialisierung.

4 Implementiere deine Lösung in Scratch.

5 Spielfeld

Schleife und Variable

1 Der Wecker klingelt und der Tagesablauf beginnt.

Jeden Morgen stehst du auf, gehst in die Schule, kommst nach Hause und gehst am Abend zum Schlafen ins Bett. Dies wiederholt sich fast täglich. → 1

Schleife • Wenn eine Sequenz wiederholt ausgeführt werden soll, kommt eine Schleife zum Einsatz. Das spart Speicherplatz und Programmieraufwand. Die Sequenz muss nur einmal im Speicher abgelegt werden. Es gibt mehrere Arten von Schleifen.

Zählschleife • Wenn eine Schleife eine feste Anzahl an Durchläufen hat, wird das Zählschleife genannt. → 2
Der Tagesablauf ist meist an 5 Tagen in der Woche gleich. Dieser Ablauf wird also fünfmal durchgeführt.

Mit Schleifen werden Sequenzen wiederholt, die häufiger ausgeführt werden sollen.

Endlosschleife • Die einfachste Schleife ist die Endlosschleife. Sie wiederholt ihre Sequenz so lange, bis das Programm vom Benutzer beendet. Sie endet auch, wenn der Computer ausgeschaltet wird.

Vorprüfende Schleife • Hängt die Wiederholung von anderen Bedingungen ab, dann ist eine vorprüfende Schleife hilfreich. Beispielsweise hängt der Tagesablauf davon ab, ob Wochenende ist oder nicht. Solange ein Schultag ist, klingelt der Wecker und die Schultag-Schleife beginnt. → 1 Vorprüfende Schleifen heißen auch kopfgesteuerte Schleifen. Eine fußgesteuerte Schleife prüft die Bedingung erst, nachdem die Schleife einmal durchgelaufen ist.

Schleifen können endlos, nach einer festen Anzahl oder nach einer Bedingung wiederholt werden.

Synonyme

Schleife: Wiederholung

die Schleife
die Variable

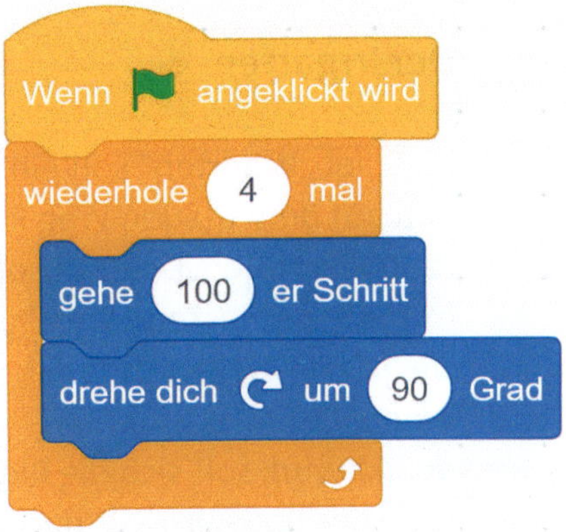

2 Eine Zählschleife in Scratch

3 Eine Variable in Scratch

Variable • In Programmen benötigt man oft kleine Zwischenspeicher für Zahlen oder Texte. Dazu werden sogenannte Variablen genutzt. In einer Variable kann man beispielsweise Lebenspunkte zwischenspeichern. Wenn die Spielfigur ein Herz berührt, erhöht sich die Variable um 1. Sie erhält einen zusätzlichen Lebenspunkt. Wenn die Spielfigur aber den Rand berührt, wird die Variable um 1 verringert. Sie verliert einen Lebenspunkt. → 3 Eine Variable hat immer einen Namen. Mit Hilfe des Namens kann der Wert gelesen und verändert werden.

In Programmen sind Variablen Platzhalter für veränderbare Werte.

Variable in Scratch • Die Richtung der Figur ist eine Variable, die in Scratch schon angelegt ist. Ihr Wert kann durch verschiedene Blöcke verändert werden.

Variable erstellen • In Scratch kann auch eine neue Variable erstellt werden. In einem Spiel kann beispielsweise eine Variable „Punkte" für den Punktestand angelegt werden. Bei einer erfolgreichen Aktion im Spiel wird diese Variable um 1 erhöht. So sammelt eine Spielfigur Punkte. Diese können auf der Bühne angezeigt werden.

Aufgaben

1 ☑ Vergleiche die verschiedenen Arten der Schleife miteinander.

2 ☒ Beschreibe in eigenen Worten, was auf der Bühne passiert, wenn das Programm gestartet wird. → 2

3 ☒ Erkläre den Begriff Variable. Nenne dazu ein weiteres Beispiel.

4 ☒ Recherchiere, ob eine fußgesteuerte Schleife in Scratch zu finden ist.

Schleife und Variable

Material A

Formen zeichnen

Mit Zählschleifen können in Scratch Formen gezeichnet werden. Eine Figur soll ein Quadrat zeichnen. Dafür soll die Figur 100 Schritte nach vorne gehen, sich um 90° drehen und diese Sequenz so lange wiederholen bis das Quadrat fertig ist. → 1

1 Ein Käfer zeichnet ein Quadrat

1 Erstelle ein Programm, das eine Zeichnung erstellt.

a Erstelle eine Initialisierung mit folgenden Werten:
- gehe zu x:0 und y:0
- setze die Richtung auf 90°
- lösche alles

b Erstelle ein Programm, das ein Quadrat zeichnet.

c Erstelle ein Programm, das komplizierte Formen zeichnet wie beispielsweise eine Treppe, Kurve oder Kreis.

Tipp • Um in Scratch malen zu können, muss die Malstift-Erweiterung hinzufügt werden.

Material B

Muster zeichnen

Mit Schleifen kannst du tolle Muster zeichnen. Nachdem eine Figur ein Quadrat gezeichnet hat, dreht sie sich um 15° nach links. Dafür muss eine Zählschleife in einer anderen Zählschleife gesetzt werden. Dies wird Schachtelung genannt.

1 Erstelle ein Programm, bei dem eine Figur das Muster nachzeichnet. → 2

2 Ein Käfer zeichnet ein Muster

2 Zeichne weitere Muster und verwende zwei verschachtelte Zählschleife.

Material C

Der Irrgarten

Im Spiel „Irrgarten“ soll ein Ball auf dem blauen Weg Richtung Ziel rollen. Der Ball soll mithilfe der Tasten „links“ und „rechts“ bewegt werden. Wenn die Taste „links“ gedrückt wird, soll sich die Richtung des Balls um 90° nach links ändern. Der Ball rollt solange geradeaus, bis er vom Weg abkommt. Hier wird der Sensor für Farben aus der Kategorie „Fühlen“ benötigt. Wenn der Ball vom Weg abkommt, ist das Spiel beendet.

3 Spielfeld „Irrgarten“

1 Erstelle das Spiel „Irrgarten“.

a Erstelle das Spielfeld. Initialisiere den Startpunkt des Balls. → 3

b Erstelle ein Programm zur Bewegung des Balls.

c Erstelle ein Programm, bei dem der Ball sich so lange vorwärts bewegt, bis er den blauen Weg verlässt.

die Schachtelung
verschachtelt

Projekt

Theater-AG

Ein Softwareprodukt besteht aus vielen einzelnen Teilen, an denen gleichzeitig gearbeitet wird. Deshalb muss man vor Beginn der Arbeiten genau festlegen, welche Aufgaben zu erledigen sind. Außerdem muss jede Person ihre persönliche Aufgabe erhalten.

In einem Team sollt ihr gemeinsam für die Theater-AG ein Theaterstück in Scratch schreiben. → 4

4 Theaterbühne

1. Planungsphase

In einem Brainstorming legt ihr den groben Ablauf der Handlung fest. Einigt euch auf das Aussehen und die Namen der Charaktere. Ihr teilt das Stück in verschiedene Szenen auf.

2. Arbeitsphase

In der ersten Schreibphase schreibt ihr arbeitsteilig die Dialoge für unterschiedliche Szenen. Zwischendurch trefft ihr euch und lest gegenseitig die Dialoge. Ihr sprecht ab, was ihr ändern wollt. Dann beginnt die nächste Schreibphase.

3. Reflexionsphase

Um zu prüfen, ob ihr die Aufgaben gut verteilt habt, müsst ihr zwischen Ich- und Wir-Phasen unterscheiden können:

- Wir-Phase: Ihr müsst die einzelnen Aufgaben für alle Team-Mitglieder verständlich aufschreiben. Jedes Team-Mitglied muss eine eigene Aufgabe erhalten.
- Ich-Phase: Nach einer bestimmten Zeit müsst ihr eure Ergebnisse einander zeigen, damit alle Team-Mitglieder wissen, wie ihre Arbeit zu den anderen Ergebnissen passt.

Aufgaben

1 Erstellt ein Theaterstück, das so viele Szenen enthält, wie Personen im Team sind.
a Führt ein Brainstorming zum Thema durch und erstellt einen Plan.
b Teilt das Stück in Szenen auf. Ordnet jedem Teammitglied eine Szene zu.
c Erstellt arbeitsteilig die einzelnen Szenen. Zum Schluss führt die einzenen Scratch-Projekte zusammen.

2 Stellt euer Theaterstück einer anderen Gruppe vor. Bewertet gemeinsam das Theaterstück.

3 Reflektiert gemeinsam eure Arbeit im Team.
- Waren die Wir-Phasen und Ich-Phasen sinnvoll verteilt?
- Wie hat die Zusammenführung aller Szenen geklappt?

Mit Aktoren Aktionen durchführen

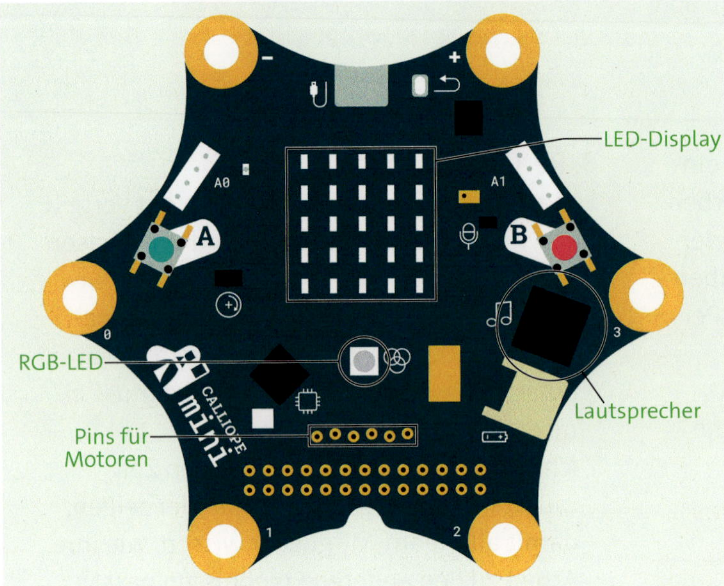

1 Aktoren am Calliope mini

Der Calliope mini ist eine Mini-Computer. → 1

Calliope mini • Der Calliope mini wird von einem winzigen Prozessor gesteuert, der auf der Platine befestigt ist, dem Mikrocontroller. Dieser Baustein enthält alles, was ein Computer braucht: Prozessor, Arbeitsspeicher und Speicher. Alles ist viel kleiner als bei einem PC. Der Speicher des Calliope mini ist so klein, dass nur ein einziges Programm hineinpasst. Für ein neues Programm muss das alte Programm überschrieben werden.

Ausgabe • Der Calliope mini enthält drei Ausgabemöglichkeiten. Ein LED-Display kann Texte, Zahlen und kleine Bilder darstellen. Eine RGB-LED kann in verschiedenen Farben aufleuchten. Ein Lautsprecher kann Töne ausgeben.

Bewegung • Durch den Anschluss von Motor und Rädern wird der Calliope mini zum beweglichen Roboter. Sie werden über kleine Pins auf der Platine angeschlossen. Spezielle Servomotoren enthalten zusätzlich einen Sensor zur Erfassung ihres Drehwinkels oder ihrer Drehgeschwindigkeit.

Aktor • Ein Bauteil, das elektrische Signale in Bewebungen, Töne oder Licht umsetzen, heißt Aktor. Dies können beispielsweise ein Display oder ein Lautsprecher sein. Auch Motoren sind AKtoren, wenn sie angeschlossen werden. Sie können auch physikalische Größen wie die Tempatur ändern. Aktoren werden oft in der Robotik eingesetzt. Sie können Aktionen durchgeführen, die sonst Menschen machen müssten.

Mit Aktoren kann der Calliope mini Aktionen durchführen. Er versendet damit Signale oder kann sich bewegen.

Aufgaben

1 ◩ Nenne Aktoren, mit denen ein Calliope mini Aktionen durchführen kann. Beschreibe jeweils ihre Funktion. → 1

2 ⊠ Vergleiche den Aufbau des Calliope minis mit einem PC.

3 ⊠ Erkläre, wie der Calliope mini sich bewegen kann.

der Aktor
der Calliope mini
der Servomotor

Material A

Arbeiten mit dem Calliope mini

Für die Erstellung eines Programms für den Calliope mini gibt es verschiedene Programmierumgebungen.

- Makecode
- Open Roberta Lab
- Mind+ (Scratch)
- Calliope mini Swift Playground

Bevor du dein erstes Programm schreiben kannst, musst du den Calliope mini vorbereiten. Er muss mit Strom versorgt werden. Du kannst ihn an ein externes Batteriefach oder an einen Computer anschließen. Auf dem Calliope mini sind bei Auslieferung einige Demoprogramme gespeichert. Mit der Taste A kann zwischen fünf Programmen gewählt werden. Durch Schütteln wird das gewählte Programm gestartet.

1 Lernen den Calliope mini kennen.

a Schließe den Calliope mini an eine Stromquelle an.

b Probiere das Demoprogramm „Krach-o-meter“. Beschreibe deine Beobachtungen, wenn es im Raum leise oder laut ist.

c Recherchiere nach weiteren Programmen. Installiere ein Programm auf dem Calliope mini und probiere es aus.

Material B

Dein erstes Calliope mini Programm

Erstelle das abgebildete Programm. → 1
Führe es im Simulator aus oder übertrage es per USB oder Bluetooth auf den Calliope mini.

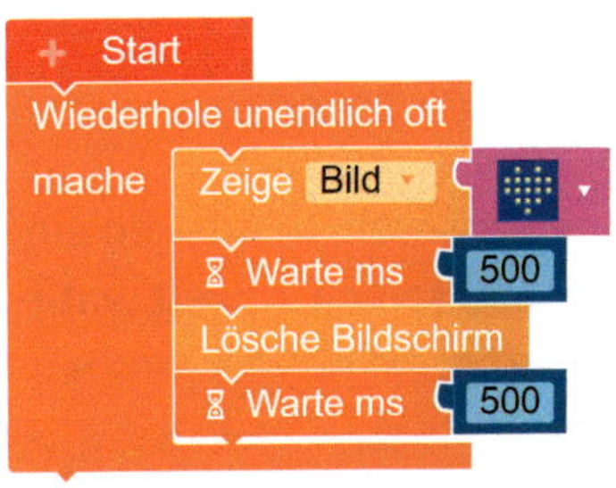

2 Calliope mini Programm

1 Stelle eine Vermutung darüber an, welche Ausgabe das abgebildete Programm erzeugt. Schreibe ein bis zwei Sätze.

2 Überprüfe deine Vermutung. Erstelle das Programm in der Programmierumgebung. Führe es im Simulator oder übertrage es auf den Calliope mini.

3 Ändere die Wartezeiten. Wähle Werte zwischen 100 und 1000. Führe das Programm aus. Vergleiche die Veränderung der Ausgabe und notiere dir Stichpunkte.

Material C

Ein Notfall ist eingetreten!

Der Calliope mini soll Alarm schlagen.

1 Erstelle ein Programm., bei dem der Calliope Mini einen Hinweis ausgibt, wohin sich Personen retten sollen.

2 Erstelle ein Programm., bei dem der Calliope Mini ein Blinksignal in verschiedenen Farben ausgibt.

3 Erstelle ein Programm., bei dem der Calliope Mini einen Alarmton ausgibt.

Mit Sensoren auf die Umwelt reagieren

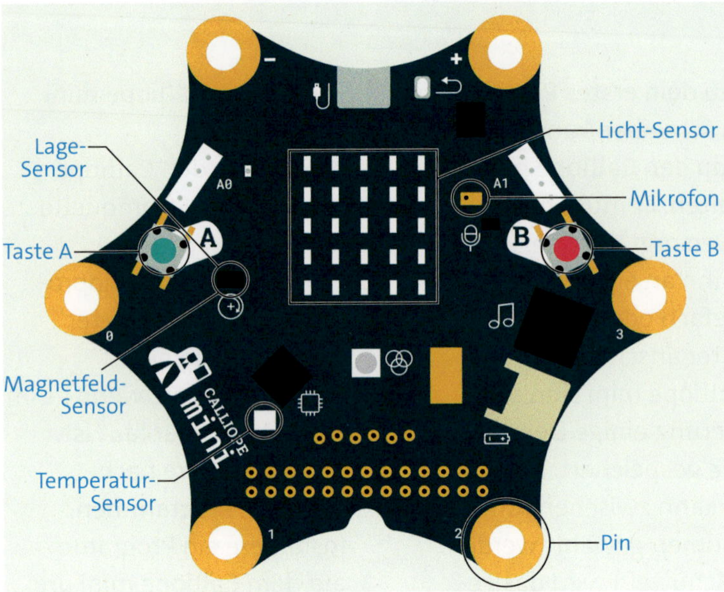

1 Sensoren am Calliope Mini

Um seine Umwelt erfassen zu können hat der Calliope mini verschiedene Eingabemöglichkeiten. → 1

Eingabe • Die Tasten A und B sind einfache Eingabetasten. Mit den Pins 0, 1, 2 und 3 können Spannungen gemessen werden. Sie können auch dazu verwendet werden, Berührungen mit dem Finger festzustellen.
Der Temperatursensor misst die Temperatur des Mikrocontrollers. Der Helligkeitssensor misst wie viel Licht auf die Platine fällt.
Der Lagesensor misst die Beschleunigung und Drehung der Platine. Der Magnetfeldsensor misst die Stärke des Magnetfeldes in der Umgebung des Calliope minis. Dieser Sensor kann als Kompass verwendet werden. Das Mikrofon misst die Lautstärke der Umgebung des Calliope minis.

Wortherkunft

Sensor: „sentire“ lat. fühlen, empfinden

Sensor • Der Mikrocontroller im Calliope mini kann allein nicht auf seine Umwelt reagieren. Er kann aber Spannungen messen. Sensoren wandeln Umwelteinflüsse wie Temperatur und Schall in veränderliche elektrische Spannungen um. Jedem Spannungswert zwischen 0V und 3V weist der Mikrocontroller einen Zahlenwert zwischen 0 und 1023 zu. Solche Bauteile werden Sensoren genannt. Sie sind Messfühler, die physikalische Eigenschaften messen.

Sensor-Aktor-System • Sensoren werden in vielen technischen Geräten wie beispielsweise einer Waschmaschine verbaut. In einer Waschmaschine misst ein Sensor die Temperatur des Wassers. Ein Microkontroller verarbeitet diese Information und steuert so Aktoren. Wenn die Temperatur zu niedrig ist, wird das Wasser erhitzt. Das Zusammenspiel von Sensoren und Aktoren wird Sensor-Aktor-System genannt.

Mit Sensoren nehmen Computer ihre Umwelt in Form von Daten wahr.

Aufgaben

1 Nenne Sensoren, mit denen ein Calliope mini seine Umwelt wahrnehmen kann. → 1

2 Gib einige Größen an, die man mit Sensoren misst.

der Sensor
das Sensor-Aktor-System

Material A

Automatisches Fahrradlicht

Das Licht an deinem Fahrrad soll automatisch eingeschaltet werden, wenn es dunkel ist. Der Calliope mini steuert dein Fahrradlicht. Dabei kommt der Lichtsensor zum Einsatz. Er misst die Helligkeit in der Umgebung.

1 Erstelle ein Programm für den Calliope mini, bei dem die LED bei Dunkelheit leuchtet. Das Licht soll eingeschaltet werden, wenn der Lichtsensor eine geringe Helligkeit misst.

2 Fahrradlicht

2 Ermittle den passenden Helligkeitswert, bei dem die LED leuchten sollte. Probiere dafür verschiedene Helligkeitswerte aus.

3 Erstelle ein Programm für den Calliope Mini, bei dem die LED rot aufleuchtet, wenn es in der Umgebung zu laut wird.

Material B

Temperatur regeln

Der Calliope mini funktioniert als Heizungsregler. Wenn die LED rot leuchtet, dann soll geheizt werden. Wenn sie erlischt, dann soll nicht geheizt werden.
Die Heizung selbst übernimmst du mit deinem Finger. Die LED leuchtet rot, wenn die gemessene Temperatur zu niedrig ist. Halte deinen Finger auf den Prozessor bis die LED nicht mehr leuchtet.

1 Erstelle ein Programm für den Calliope mini, mit dem er zum Heizungsregler wird.

Material C

Die Waschmaschine

Moderne Maschinen in Haushalten werden meist durch Computer gesteuert. Die kleinsten dieser Computer passen in ein winziges elektronisches Bauteil. Sie werden Mikrocontroller genannt, weil sie so klein sind, aber trotzdem ganze Geräte steuern können. Wie alle Computer arbeiten Mikrocontroller nach dem EVA-Prinzip: Eingabe durch Sensoren, Verarbeitung im Controller, Ausgabe durch Aktoren.

1 Beschreibe den Aufbau einer Waschmaschine. Ordne dabei Sensoren und Aktoren zu. → 3

2 Beschreibe den Sensor-Aktor-Prozess in der Waschmaschine, der die Temperatur auf einem bestimmten Wert hält.

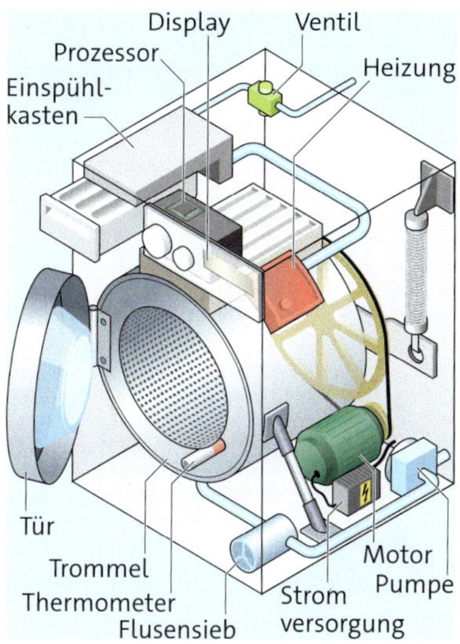

3 Aufbau Waschmaschine

Mit Sensoren auf die Umwelt reagieren

Erweitern und Vertiefen

Der Saugroboter

Saugroboter • Saugroboter saugen eine Wohnfläche ab. Sie haben verschiedene Sensoren verbaut. → 1 Neben den Sensoren zur Navigation gibt es noch einen weiteren Sensor. Er misst im Staubbehhälter den Füllstand. Wenn der Behälter voll ist, beendet der Saugroboter das Programm. Wenn der Akku fast leer ist, fährt der Saugroboter zur Ladestation. → 2

Die Saugfläche • Abstandssensoren reagieren auf Hindernisse in der Umgebung des Roboters. Sie können auch feststellen, ob Treppen oder Stufen auf dem Weg sind. So kann der Saugroboter umdrehen und stürtzt nicht ab. Mit Drucksensoren reagieren sie auf Berührungen wie beispielsweise ein herumliegendes Spielzeug. Wie kann aber das Wohnzimmer vollständig gereinigt werden?

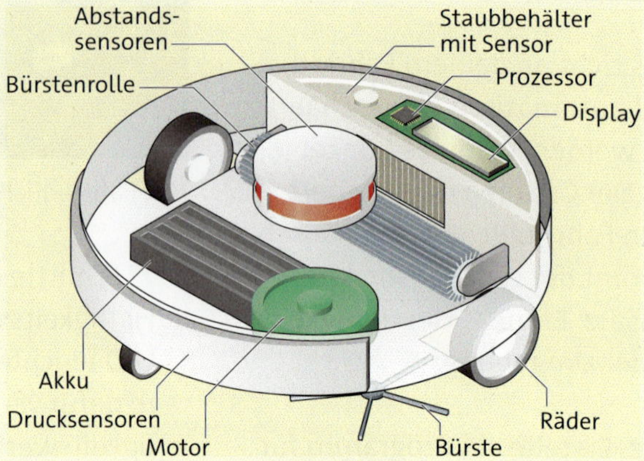

1 Aufbau eines Saugroboters

2 Navigation

Aufgaben

1 Beschreibe, wie ein Saugroboter eine Fläche ohne Hindernisse reinigen kann.

2 Beschreibe, wie ein Saugroboter eine Fläche mit Hindernissen vollständig reinigen kann. Beim Berühren eines Hinternisses soll der Saugroboter sich zufällig drehen.

3 Erstelle ein Programm in Scratch, mit dem ein Saugroboter simuliert wird.

4 Erstelle ein Programm für einen Roboter wie den eXperiBot, der sich wie ein Saugroboter bewegen soll.

der Saugroboter
der Alltagshelfer

Projekt

Computer als Alltagshelfer

Ein Toaster funktioniert sehr einfach: Drückst du den Hebel am Toaster herunter, werden elektrische Heizelemente eingeschaltet, die sich schnell erhitzen. Der Röstvorgang beginnt. Ist der gewünschte Bräunungsgrad erreicht, schalten sich die Elemente ab. Der Toaster wirft die gerösteten Brotscheiben aus.

Die Elektronik im Toaster muss dafür sorgen, dass die Brotscheiben immer gleichmäßig geröstet werden. In modernen Toastern ist dazu ein Mikrocontroller verbaut, der den Röstvorgang steuert. Der Mikrocontroller erfasst

- die Temperatur mit einem Temperatursensor
- die Dauer des Röstvorgangs mit einem Sekunden-Zähler
- den vom Benutzer eingestellten Bräunungsgrad mit einem Schiebe- oder Dreh-Sensor

Mache den Calliope mini zu einem Gerät, das dir im Alltag hilft. Gehe so vor:

1. Planungsphase

Überlege, welches Problem in deinem Alltag

- Zeit kostet, weil es aufwändig zu lösen ist,
- Geld kostet, wenn du etwas vergisst oder falsch machst,
- eine Warnung / einen Hinweis erfordert, damit es nicht auftritt.

Wähle ein Problem aus und suche die Sensoren und Aktoren, die du benötigst.

2. Arbeitsphase

Schreibe erst ein kleines Programm, das Sensorwerte auf dem Display ausgibt. Übertrage es auf den Calliope mini. Notiere dir, welche Werte sinnvoll sind oder wo die Grenze von einem zum anderen Zustand ist.
Formuliere eine Bedingung für die Unterscheidung zwischen zwei Zuständen. Erstelle eine Verzweigung, um den Calliope mini zwischen zwei Zuständen unterscheiden zu lassen. Nutze den Aktor zur Ausgabe, den du dir vorher ausgesucht hast.

3. Reflexionsphase

Teste dein Programm mit dem Calliope mini. Ändere die Umgebung des Calliope mini, so dass dein ausgewählter Sensor diese erfassen kann. Falls dein Programm nicht richtig funktioniert, ändere dein Programm und teste es erneut.

Aufgaben

1 ◩ Ermittle die benötigten Sensoren und Aktoren für einen Wasserkocher, bei dem sich die Temperatur einstellen lässt. Suche nach Unterschieden und Gemeinsamkeiten mit dem Toaster.

2 ⊠ Finde andere Geräte in deiner Umgebung, die heizen oder kühlen. Stelle fest, ob sie über eine digitale Steuerung verfügen.

3 ⊠ Erstelle ein Programm für den Calliope mini, das dir im Alltag hilft. Das Programm kann sich zwischen mehreren Zuständen entscheiden oder bei einem Ereignis einen Hinweis ausgeben.

Einstieg in die Programmierung

Zusammenfassung

Computerprogramme • Viele technische Geräte laufen mithilfe einer Software. Wenn eine Software von einem Anwender genutzt wird, wird sie App genannt. Eine Software, die im Hintergrund läuft, ist das Betriebssystem. Es steuert Software und Hardware.
Eine Folge einer endlichen Anzahl eindeutiger Anweisungen, um eine Aufgabe zu erledigen, wird Algorithmus genannt. Algorithen werden in Computerprogrammen umgesetzt. Dies geschiet durch die Programmierung. Mit einer Programmiersprachen und Entwicklungsumgebungen werden Computerprogramme geschrieben. Es gibt grafische Programmiersprachen wie beispielsweise Scratch. Andere Programmiersprachen nutzen anstelle von Blöcken Texte, um Programme darzustellen. Eine Entwicklungsumgebung hilft beim Erstellen, indem sie Anweisungen zur Auswahl anbietet.

Erste Schritte • Scratch ist eine grafische Programmiersprache. Die Entwicklungsumgebung ist online verfügbar. Ein Programm wird in Scratch mithilfe von Blöcken erstellt. Es gibt dabei verschiedene Kategorien. Jede Kategorie beinhaltet ähnliche Blöcke. Sie haben alle die gleiche Farbe. Die Blöcke können wie Puzzelteile zusammengesteckt werden. Zusammen ergeben sie ein Skript, das gestartet und gestoppt werden kann. In Scratch gibt es Figuren und Bühnenbilder, die mit Skripten gesteuert werdenn. Eine Figur kann ihre Kostüme wechseln. Genauso kann auch das Bühnenbild gewechselt werden. Um eine Idee in einem Programm umzusetzen, ist es hilfreich das Programmierprojekt vorher zu planen. Ein Programmierprojekt durchläuft oft mehrere Durchläufe. In jedem Durchlauf wird ein Prototyp weiterentwickelt. Durch Zwischenbesprechungen und Reflexionsphasen wird die Entwicklung verbessert.

Anweisung und Verzweigung • Eine Anweisung ist der kleinste Teil eines Computerprogramms. Einzelne Anweisungen beschreiben einen einzelnen Arbeitsschritt. Eine Sequenz ist eine Folge von Anweisungen, die in der angegebenen Reihenfolge nacheinander ausgeführt werden. Eine Sequenz kann aus einer oder mehreren Anweisung bestehen. → 1 Mit einer Verzwiegung kann der Verlauf eines Programms gesteuert werden. In Abhängigkeit von einer Bedingung wird eine Sequenz oder mehere Sequenzen ausgeführt. → 1 Programme können mithilfe von Struktogrammen und Flussdiagrammen grafisch dargestellt werden. → 1 2

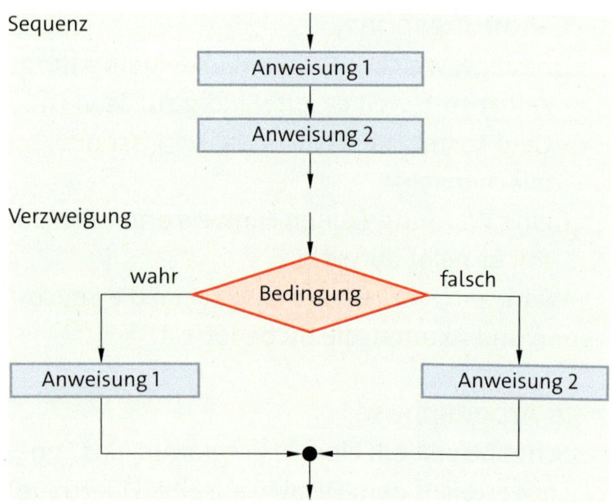

1 Sequenz und Verzweigung im Flussdiagramm

Schleife und Variable • Manchmal ist es hilfreich eine Sequenz mehrfach zu wiederholen. Dies geschieht mit einer Schleife. → 2
Die Sequenz innerhalb einer Schleife wird so oft ausgeführt, wie eine Zahl vorgibt. Sie kann aber auch unendlich oft wiederholt werden. Schleifen lassen sich auch verschachteln. Die zweite Schleife steht ganz in der Sequenz der äußeren Schleife. Eine Sequenz kann in Abhängigkeit von einer Bedingung mehrmals ausgeführt werden. Vor jedem Durchgang wird die Bedingung überprüft. → 2
Variablen sind Platzhalter für veränderbare Werte. Sie lassen sich verändern.

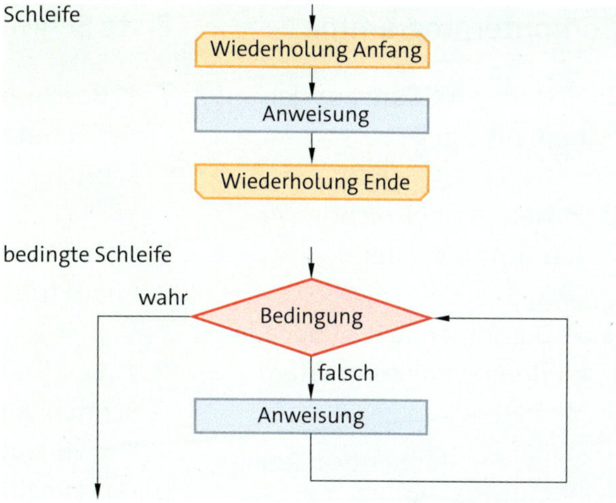

2 Schleife und bedinte Schleife im Flussdiagramm

Mit Aktoren Aktionen durchführen • Der Calliope mini ist ein winziger Computer. Es können über verschiedene Entwicklungsumgebungen Programme erstellt werden. Der Calliope mini verfügt über verschiedene Aktoren. → 3
Aktoren sind Bauteile, mit denen Aktionen durchgeführt werden. So kann der Calliope Signale in Form von Licht oder Tönen aussenden. Mithilfe eines Motors kann der Calliope mini auch bewegt werden.

Mit Sensoren auf die Umwelt reagieren • Auf der Platine des Calliope mini sind auch verschiednee Sensoren verbaut. → 3
Sensoren messen Umwelteinflüsse. Zusammen mit Aktoren bilden sie ein Sensor-Aktor-System. Viele Haushaltsgeräte werden von einem winzigen Computer gesteuert. Sie werden Mikrocontroller genannt. Sie enthalten ein Sensor-Aktor-System, was von dem Mikrocontroller gesteuert wird.

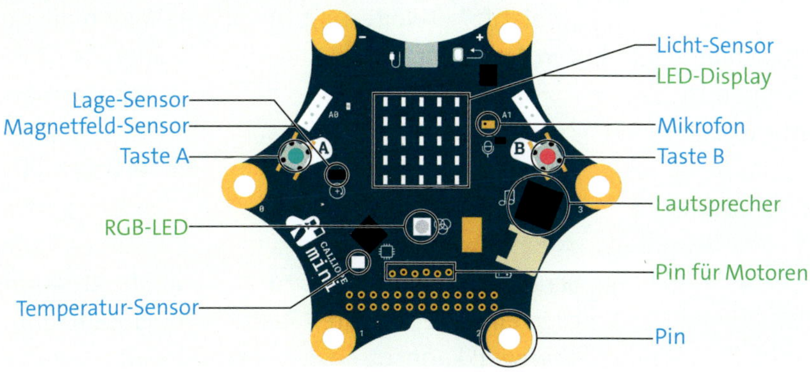

3 Sensoren und Aktoren am Calliope mini

Teste dich! (Lösungen auf Seite 141 und 142)

Computerprogramme

1 Nenne Abläufe aus deinem Alltag.

2 Nenne zwei wichtige Arten von Software.

3 Der folgende Pseudocode ist durcheinandergeraten:

```
Schalte Fernseher aus
  Schaue Sendung
Schalte auf Sender
Ende
Schalte Fernseher ein
Falls Sendung vorbei
```

a Bringe den Pseudocode in die richtige Reihenfolge.
b Schreibe einen eigenen Pseudocode für einen Ablauf in deinem Alltag.

4 Erkläre, wie Programme geschrieben werden.

5 Erkläre den Unterschied zwischen einem Programm und einem Algorithmus.

6 Schreibe einen Pseudocode für das Backen von Pfannkuchen.

Erste Schritte

7 Beschreibe den Aufbau der Benutzeroberfläche von Scratch.

8 Erkläre, wie ein Projekt-Board funktioniert.

9 Beschreibe, wie du in Scratch vorgehst.
a Das Hinzufügen einer Figur.
b Das Hinzufügen eines Bühnenbildes.
c Das Bewegen einer Figur um 100er Schritte.
d Das Starten eines Programms.

10 Beschreibe, wie du in Scratch vorgehst.
a Das Öffnen einer Datei.
b Das Speichern eines Programms in einem Ordner.
c Das Hinzufügen eines neuen Kostüms für eine Figur.
d Das Hinzufügen der „Malstift“-Erweiterung zu den Anweisungen.

11 Nenne die Schitte eines Programmierprojektes.

12 Beschreibe, wie du in Scratch eine Figur mit Drücken einer bestimmten Taste bewegen kannst.

Anweisung und Verzweigung

13 Erkläre den Begriff Anweisung und Sequenz.

14 Nenne die Synonyme
a für eine Anweisung,
b für eine Sequenz,
c und für eine Verzweigung.

15 Nenne jeweils Blöcke aus den folgenden Kategorien:
a Steuerung
b Bewegen
c Aussehen

16 Beschreibe die Bedeutung einer Bedingung für eine Verzweigung. Nenne ein Beispiel.

17 Erkläre den Begriff Initialisieren.

18 Schreibe einen Pseudocode für den folgende Ablauf: Wenn die Außentemperatur bei über 25°C liegt, gehen wir schwimmen.

19 Beschreibe, wie eine Sequenz grafisch dargestellt werden kann.
a Struktogramm.
b Flussdiagramm.

Schleife und Variable

20 ☑ Nenne Beispiele einer Schleife aus deinem Alltag.

21 ☑ Nenne ein Synonym für eine Schleife.

22 ☑ Nenne alle Arten einer Schleife.

23 ☒ Erkläre den Begriff „verschachtelt".

24 ☒ Erkläre den Begriff einer prüfenede Schleife.

25 ☒ Bechreibe, wie eine Figur in Scratch eine Raute zeichnen kann.

26 Ordne die folgende Schleifen nach ihrer Art zu:

a ☑ Eine Figur dreht sich viermal linksherum um 90 Grad.

b ☒ Eine Figur wiederholt fortlaufen die Anweisung, dass sie 1er Schritte geht.

c ☒ Eine FIgur soll solange 10er Schritte gehen bis sie den Rand berührt.

d ☒ Eine Figur geht 10er Schritte, sobald die Pfeiltaste nach rechts angeklickt wird.

27 ☒ Erkläre den Begriff Variable.

Mit Aktoren Aktionen durchführen

28 ☑ Nenne Programmierumgebungen für den Calliope mini.

29 ☑ Nenne die Aktoren am Calliope mini.

30 ☑ Erkläre den Begriff Aktor.

31 ☒ Beschreibe die Funktion eines Motors am Calliope mini.

32 ☒ Überprüfe die folgenden Aussagen auf ihre Richtigkeit.

a ☑ Der Calliope mini wird durch einen Mikrocontroller gesteuert.

b ☒ Der Calliope mini ist kein Computersystem.

c ☒ Für ein neues Programm auf dem Calliope mini muss das alte Programm überschrieben werden.

d ☒ Der Calliope min enthält vier Ausgabemöglichkeiten.

33 Beschreibe die Funktion der folgenden Aktoren:

a ☑ Lautsprecher

b ☒ RGB-LED

c ☒ LED-Display

Mit Sensoren auf die Umwelt reagieren

34 ☑ Nenen die Sensoren am Calliope mini.

35 ☑ Erkläre den Begriff Sensor.

36 ☒ Beschreibe die Funktion eines Magnetfeldsensors. Nenne einen Anwendungsfall.

37 ☒ Erkläre den Begriff Sensor-Aktor-System. Nenne ein Beispiel.

38 ☒ Erkläre, wie Computer im Alltag helfen können. Nenne Beispiele.

39 Beschreibe die Funktion der folgenden Sensoren.

a ☑ Taste A

b ☒ Temperatursensor

c ☒ Lichtsensor

d ☒ Lagesensor

40 ☒ Nenne Aktoren und Sensoren am Calliope mini, die du für folgende Probleme benötigst:

a Dein Fahrradlicht soll bei Dunkelheit eingeschaltet werden.

b Deine Schultasche soll vor Dieben geschützt werden.

Codieren und Verschlüsseln

Informationen können digital gespeichert und übertragen werden.

Bei genauem Hinschauen kannst du erkennen, dass Bilder aus kleinen Bildpunkten bestehen.

Früher wie heute werden Informationen verschlüsselt übertragen. Hierfür gibt es verschiedene Codes.

Darstellung von Information

1 Die gleiche Information, unterschiedliche Arten.

Die gleiche Information kann auf viele verschiedene Arten dargestellt werden.

Information • Eine Information kann nicht direkt dargestellt oder übertragen werden. Sie kann beispielsweise durch Sprache, aber auch Schrift oder ein Bild an einen Empfänger übertragen werden. Dies wird Repräsentation genannt. → 2 Diese Darstellung muss immer an ein Medium gebunden sein. So wird beispielsweise mit den Medien Tinte und Papier eine Information in Form einer Schrift dargestellt. Bei der gesprochenen Sprache dient die Luft zum Transport der Schallwellen als Medium. → 1

Informationen werden durch Repräsentation dargestellt übertragen. Eine Information benötigt immer ein Trägermedium.

Daten • Durch die Repräsentation werden aus Informationen Daten. Sie bestehen aus Zeichen, Wörtern und Zahlen. Sie haben im Gegensatz zu den Informationen keine Bedeutung. Sie müssen dafür interpretiert werden. Durch die Interpretation werden aus den Daten wieder Informationen. Hierbei werden die Daten geordnet, analysiert und bewertet. Sie erhalten dadurch wieder eine Bedeutung. → 2 Das Geburtsdatum 01.10.2005 beispielsweise kann unterschiedlich interpretiert werden. Während in Europa der Geburtstag im Oktober liegt, würde in Amerika an eine Feier im Januar gedacht werden. Eine Information kann durch die Interpretation also eine unterschiedliche Bedeutung haben.

Daten müssen interpretiert werden, um eine Bedeutung zu erhalten.

das Medium
die Codieren
die Decodieren
die Daten
die Prüfsumme

Codieren • Daten können durch Computer verarbeitet werden. Dafür müssen Daten wie Texte und Bilder in einen Code umgewandelt werden. Erst dann kann der Computer sie verarbeiten. Dies geschieht nach genau festgelegten Regeln. Diese Übersetzung wird Codieren genannt.

Decodieren • Eine codierte Information kann wieder umgewandelt werden, damit ein Mensch sie versteht.

Die Übersetzung in eine Darstellungsform nach genau festgelegten Regeln wird Codierung genannt.

Prüfsumme • Um zu verhindern, dass Fehler bei der Datenübertragung oder -speicherung unerkannt bleiben, können sogenannte Prüfsummen erzeugt werden. Sie werden zu den eigentlichen Nutzdaten hinzugefügt.
Soll zum Beispiel ein Rechnungsbetrag übermittelt werden, kann neben dem Betrag zusätzlich die Summe aller Ziffern übertragen werden. Auf der Empfängerseite kann nun die Ziffernsumme des empfangenen Betrages mit der Prüfsumme verglichen werden. Damit können nicht alle Fehler ausgeschlossen werden. Auch absichtliche Manipulationen sind problemlos möglich. Viele einfache Übertragungsfehler fallen beim Vergleich der Prüfsummen aber sofort auf. → 3

Mithilfe einer Prüfsumme kann eine Information möglichst fehlertolerant übertragen werden.

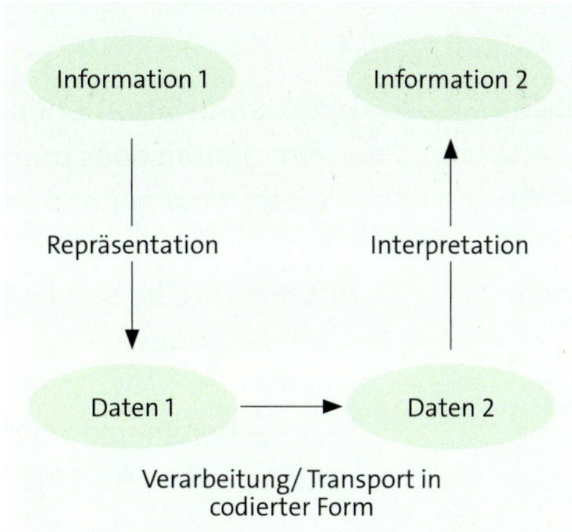

2 Repräsentation und Interpretation

3 Beispiel einer Rechnung

Aufgaben

1 Benenne die Medien im Comic, die die Information übermitteln. → 1

2 Erkläre den Begriff Codierung am Bespiel aus deinem Alltag. Notiere weitere Beispiele und ihre Regeln.

3 Erkläre den Unterschied zwischen Informationen und Daten.

Darstellung von Information

Material A

Barcodes und QR-Codes

Barcodes und QR-Codes findest du an vielen Stellen. Barcodes werden auch Strichcodes genannt.

bar: engl. (Gitter-)Stab

1 ◩ Nenne Situationen, in denen dir Barcodes und QR-Codes begegnen.

2 ◩ Beschreibe den Nutzen beider Codes.

3 ⊠ Recherchiere für QR-Codes sowie für EAN-13 Barcodes, welche Art von Information diese maximal enthalten können. Gib jeweils ein Beispiel an.

4 ⊠ Recherchiere nach Webseiten, auf denen QR-Codes erzeugt werden. Erstelle einen eigenen QR-Code.

Material B

Prüfsumme in IBANs

Bei Überweisungen werden Bankkonten mit einer IBAN (= International Bank Account Number) identifiziert. Da Tippfehler hier gravierende Folgen haben könnten, enthält jede IBAN an Position 3 und 4 eine zweistellige Prüfsumme. In mehreren Schritten kann dies überprüft werden. Hierfür werden die Buchstaben des Länderkürzels durch Zahlen ersetzt: A = 10, B = 11, ...

Länderkürzel	Prüfziffer	Bankleitzahl	Kontonummer
DE	09	1001 0010	1234 5678 90

1 Aufbau einer IBAN

BLZ	100 100 10
Kontonummer (K-Nr.)	123 456 789 0
BBAN (BLZ + K-Nr.)	10010010 1234567890
IBAN ohne Prüfziffer	**DE 00** 1001 0010 1234 5678 90
Umstellung	1001 0010 1234 5678 90 **DE 00**
Buchstaben ersetzen	1001 0010 1234 5678 90 **1314** 00
Modulo 97 (mod 97)	1001 0010 1234 5678 90 1314 00 **mod 97** = 89
Subktration mit 98	**98** - 89 = 09
IBAN mit Prüfziffer	DE **09** 1001 0010 1234 5678 90

2 Berechnung der Prüfziffer einer IBAN

1 ◩ Beschreibe den Aufbau einer IBAN.

2 ⊠ Überprüfe die Gültigkeit der IBAN DE42 8327 3829 0032 8800 00. → 2

3 ⊠ Versuche mit der IBAN aus **2** durch gezielte „Tippfehler" eine davon abweichende IBAN zu erzeugen, welche die gleiche gültige Prüfsumme besitzt.

Tipp • Durchlaufe das Verfahren rückwärts, um herauszufinden, wie die IBAN verändert werden kann, ohne dass sich die Prüfziffer dadurch ändert.

der Barcode
die IBAN
der QR-Code
der Morsecode

Erweitern und Vertiefen

Texte codieren

Der Morsecode • Der amerikanische Erfinder Samuel Morse baute 1832 einen Apparat, mit dem man über große Entfernungen Nachrichten übermitteln konnte.
Er hatte die Idee alle Buchstaben in Kombinationen aus zwei Zeichen zu codieren: in kurze und lange Töne. Diese Töne können auch als Punkt für den kurzen Ton und als Strich für den langen Ton dargestellt werden. → 3

Der Morse-Apparat • Mit einem Mini-Computer wie dem Calliope lässt sich ein Morse-Apparat nachbauen. Durch Drücken der Taste „A" soll ein Punkt und ein kurzer Ton erzeugt werden. Durch Drücken der Taste „B" soll ein Strich und ein langer Ton erzeugt werden.

A	·–	N	–·	1	·––––
B	–···	O	–––	2	··–––
C	–·–·	P	·––·	3	···––
D	–··	Q	––·–	4	····–
E	·	R	·–·	5	·····
F	··–·	S	···	6	–····
G	––·	T	–	7	––···
H	····	U	··–	8	–––··
I	··	V	···–	9	––––·
J	·–––	W	·––	0	–––––
K	–·–	X	–··–		
L	·–··	Y	–·––		
M	––	Z	––··		

3 Das Morse-Alphabet

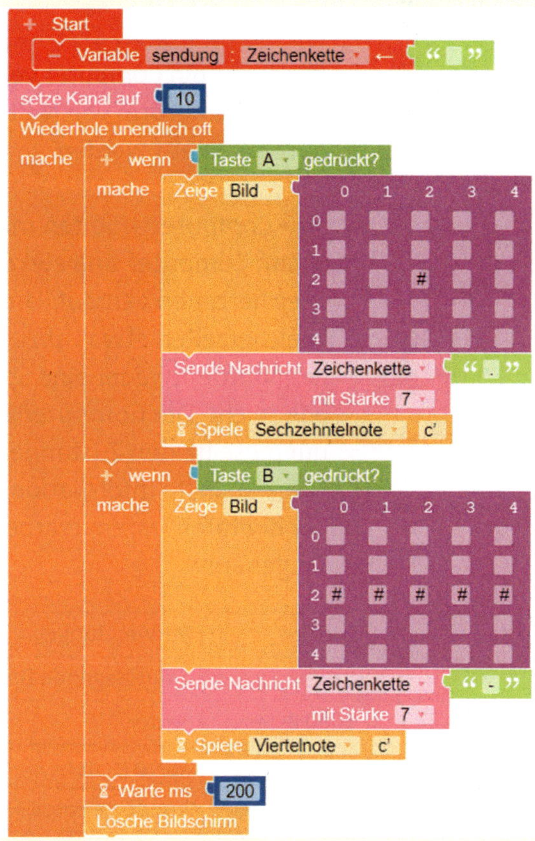

4 Programm für das Erzeugen des Morsecodes

Aufgaben

1 ◩ Schreibe einen kurzen Text und übersetze ihn mithilfe des Morse-Alphabets. Übertrage den Text, indem du mit deinen Augen zu einer anderen Person blinzelst.

2 ◩ Erstelle eine Tabelle mit allen Buchstaben, dem passenden Morsecode und den Tastenfolgen für den Mini-Computer. → 3

3 ☒ Mehrere Calliope, die den gleichen Funkkanal eingestellt haben, können untereinander Nachrichten senden und empfangen. Dazu benötigt jeder Calliope ein Programm mit Sendeteil und Empfängerteil. Erstelle so ein Programm. Erzeuge dabei Töne und Zeichen auf dem LED-Display. → 4

Bits, Bytes und Zahlensysteme

1 Ein Code, der nur aus 0 und 1 besteht.

Alles, was ein Computer verarbeiten soll, muss in Form von Nullen und Einsen dargestellt werden.

Bit • Computer arbeiten mit Strom. In einem Computer sind elektronische Speicherzellen verbaut. Um in diesen Speicherzellen etwas abzuspeichern, liegt dort entweder eine Spannung an oder nicht. Der Computer kennt daher nur diese beiden Zustände: 0 oder 1. Diese kleinste Informationseinheit bei der digitalen Datenverarbeitung wird Bit genannt.

Byte • Eine Einheit aus 8 Bits wird Byte genannt. Für größere Datenmengen werden andere Einheiten verwendet. Für Texte reichen 1000 Byte aus, was in Kilobyte angegeben wird. Kurze Lieder benötigen Megabytes. → 2
Eine 16 Gigabyte große Festplatte hat beispielsweise mit 15,5 Gigabyte genutztem Speicherplatz noch 500 Megabyte Speicherplatz frei. → 3

In Speicherzellen gibt es zwei Zustände: Spannung (1) und keine Spannung (0).

Einheit	Größe	Verwendungen
1 Byte (B)	8 Bits	Grundlegende Dateneinheit
1 Kilobyte (KB)	1000 Bytes	Texte
1 Megabyte (MB)	1 Mio. Bytes	kurze Lieder
1 Gigabyte (GB)	1 Mrd. Bytes	hunderte Fotos, Filme
1 Terabyte (TB)	1 Bill. Bytes	größere Datenmengen

2 Größere Einheiten in Byte

3 Speicherplatz

das Bit
der Byte
die Bitfolge
das Binärsystem
das Dezimalsystem

Dezimalsystem • Im Alltag wird meistens das Dezimalsystem genutzt. Es ist ein Stellenwertsystem mit der Basis 10. Bei einem Stellenwertsystem hängt es von der Position einer Ziffer ab, für welchen Wert sie steht. Der Zahlenwert entsteht, indem die Produkte aus Stellenwert und zugeordneter Ziffer addiert werden. → 4

Binärsystem • Daten, die vom Computer gespeichert werden sollen, müssen als Bitfolge codiert werden. Eine Bitfolge wird als Abfolge von Nullen und Einsen dargestellt. Die Daten werden nach festgelegten Regeln als Zahl ausgedrückt. Sie werden bei dieser Codierung in einem Stellenwertsystem mit der Basis 2 codiert: Das Binärsystem. Es kommt nur mit Nullen und Einsen aus. → 4

Speicherblöcke • Für die Speicherung sind immer feste Abschnitte von Bits reserviert. Nimmt eine zu speichernde Binärzahl weniger Stellen in Anspruch als vorhanden sind, wird der restliche Platz durch vorangestellte Nullen gefüllt. Damit allen Zeichen eine Zahl als Codierung eindeutig zugeordnet werden kann, muss ein Zahlenblock aus ausreichend vielen Speicherzellen bestehen. Diese Speicherzellen befinden sich in einem Speicherblock auf einem RAM. → 5

Alle Daten müssen für die Verarbeitung durch Computer als Bitfolge ausgedrückt werden. Dazu werden sie im Binärsystem codiert.

Dezimalzahl	4	3	0	3
Stellenwerte	10^3	10^2	10^1	10^0
$4 \cdot 1000 + 3 \cdot 100 + 0 \cdot 10 + 3 \cdot 1 = 4303$				
Binärzahl	1	0	0	1
Stellenwerte	2^3	2^2	2^1	2^0
	$=8$	$=4$	$=2$	$=1$
in Dezimal	$1 \cdot 8 + 0 \cdot 4 + 0 \cdot 2 + 1 \cdot 1 = 9$			

4 Dezimalzahl 4303_{10} und Binärzahl 1001_2

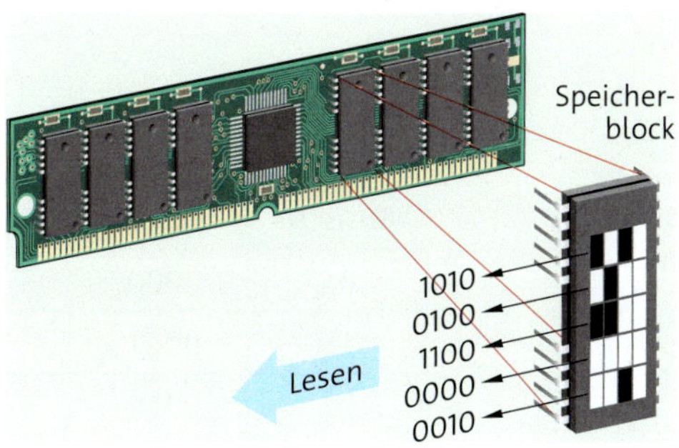

5 RAM mit Speicherblöcken

Aufgaben

1 Erkläre die Begriffe Bit und Byte.

2 Beschreibe den Aufbau eines Arbeitsspeichers (RAM).

3 Rechne um: 20 GB in MB, 1 TB in GB, 100 KB in MB, 10 KB in Bit.

4 Erkläre den Unterschied zwischen dem Binärsystem und dem Dezimalsystem.

Bits, Bytes und Zahlensysteme

Material A

Vom Bit zum Byte

1 Berechne die Anzahl der darstellbaren Zeichen bis 8 Stellen. → 1

2 Bestimme die minimale Anzahl an Stellen, damit 26 Buchstaben und 10 Zahlen gespeichert werden können.

Anzahl Stellen	1	2	3		...	7	8	...	n
darstellbare Werte	0	00	000	100	...	...	...	...	...
	1	01	001	101	...	...	...	...	...
	...	10	010	110	...	...	...	...	...
	...	22	011	111	...	...	...	...	...
Anzahl Zeichen	2	4	8		...	?	?	...	2^n

1 Tabelle mit Stellenanzahlen

Material B

Hexadezimalsystem

Digitale Farben
Digitale Farbangaben erfolgen häufig im RGB-Farbraum. → 2
Eine Farbe wird darin aus den Anteilen der drei Grundfarben Rot, Grün und Blau „gemischt". Die drei Farbanteile werden häufig im Hexadezimalsystem (Hex-Code), einem Stellenwertsystem mit Basis 16, codiert. → 3

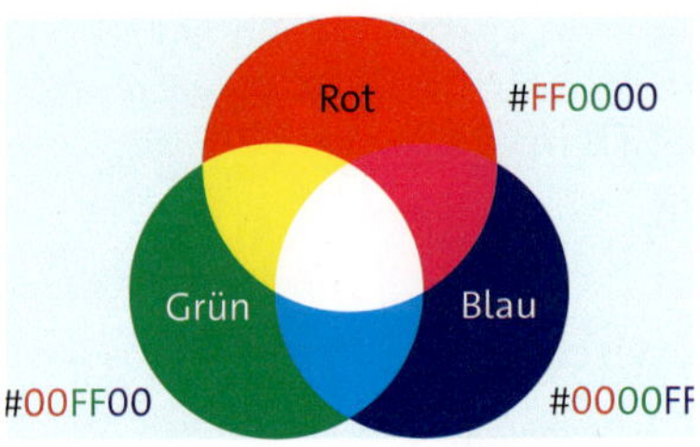

2 RGB im Hexadezimalsystem

Dezimal	Binär	Hexadezimal
Basis 10	*Basis 2*	*Basis 16*
0_{10}	0000_2	0_{16}
1_{10}	0001_2	1_{16}
2_{10}	0010_2	2_{16}
3_{10}	0011_2	3_{16}
4_{10}	0100_2	4_{16}
5_{10}	0101_2	5_{16}
6_{10}	0110_2	6_{16}
7_{10}	0111_2	7_{16}
8_{10}	1000_2	8_{16}
9_{10}	1001_2	9_{16}
10_{10}	1010_2	A_{16}
11_{10}	1011_2	B_{16}
12_{10}	1100_2	C_{16}
13_{10}	1101_2	D_{16}
14_{10}	1110_2	E_{16}
15_{10}	1111_2	F_{16}

3 Zahlen bis 15 codiert

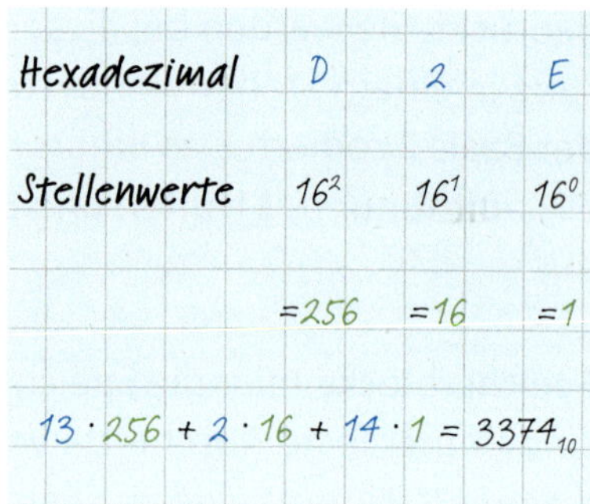

4 3374_{10} im Hexadezimalsystem

1 Mische die Grundfarben und gebe jeweils den Hex-Code an.

2 Rechne die Hex-Codes der drei Grundfarben in Binär- und Dezimalcode um.

3 Rechne in das angegebene Stellenwertsysteme um.
a 101010_2 in Dezimal
b 404_{10} in Binär
c 404_{10} in Hexadezimal

die Stellenzahl
der Zahlenblock
die Speicherzelle
der ASCII-Code
die ASCII-Art

Erweitern und Vertiefen

ASCII-Codierung

ASCII • Damit Texte mit ihren Buchstaben und Satzzeichen digital gespeichert oder übertragen werden können, müssen die einzelnen Zeichen zunächst binär codiert werden. Ein für diesen Zweck weit verbreitetes Codierungsverfahren ist der ASCII-Code (ASCII = American Standard Code for Information Interchange).

ASCII-Tabelle • In einer Tabelle wird A durch 0100001 dargestellt. Wörter sind Zeichenketten und werden durch die Aneinanderreihung der Codierungen dargestellt. Mithilfe des Webcodes kannst du eine ASCII-Tabelle nutzen.

8-Bit-Code • Zu Beginn war die ASCII-Codierung eine 7-Bit-Codierung für 128 Zeichen. Für deutsche Texte mit Umlauten und andere besondere Zeichen war diese Codierung ungeeignet. Der 7-Bit-ASCII-Code wurde daher auf den 8-Bit-ASCII-Code erweitert. Mit ihm lassen sich 256 Zeichen darstellen.

ASCII-Art • Aus Buchstaben, Ziffern und Sonderzeichen können kleine Piktogramme dargestellt werden. So entstand eine eigene Kunstrichtung: die ASCII-Art. → 5

Aufgaben

1 Ermittel mithilfe der ASCII-Tabelle, was sich hinter den Codierungen versteckt.

a 00111010_2
b 01000000_2
c 11010110_2

2 Wähle ein kurzes Wort aus und codiere es in ASCII. Tausche dann die Codierugen mit einer anderen Person und versuche das andere Wort zu decodieren.

3 Wandel die Werte ins Dezimalsystem um. Ermittel mithilfe der ASCII-Tabelle, was sich hinter den Codierungen verbirgt.

a 27_{16}
b $3A_{16}$
c $7D_{16}$

4 Erstelle mit Buchstaben, Ziffern und Sonderzeichen ein kleines Piktogramm.

5 Heutzutage wird der weltweite Standard Unicode benutzt. Recherchiere Unterschiede von Unicode gegenüber ASCII und wie beide zusammenhängen.

```
|\---/|
| o_o |
 \_^_/
```
Katze

```
^_^

@-->--->---
```
Einfache Zeile

```
  __v_
 (____\/{
```
Wal

```
:-)
:-P
T.T
```
Smiley

```
  o..o
 (----)
( >__< )
 ^^  ^^
```
Frosch

5 Beispiele für ASCII-Art

Projekt

Die binäre Uhr

Binäre Bahnhofsuhr • Nicht nur Texte und Bilder können mit einem Binärcode dargestellt werden, sondern auch die Uhrzeit. An der Fassade des Bahnhofs in St. Gallen ist eine binäre Uhr angebracht. → 1 Die Uhrzeit kann in drei Zeilen mit einem Kreis, Kreuz und Quadrat abgelesen werden. So können von weitem die Stunde, Minute und Sekunde unterschieden werden.

Der Aufbau • Mit einer binären Uhr wird die Uhrzeit binär in drei Zeilen abgebildet. Die erste Zeile steht für die Stundenzahl. Hier werden nur fünf Leuchten benötigt. Diese stehen für die Zahlen 1, 2, 4, 8 und 16. Das reicht aus, um die Stundenzahl von 1 bis 24 darzustellen. In der Zeile darunter wird die Minutenzahl binär dargestellt. Um alle Minutenzahlen zwischen 1 und 59 abzubilden, wird eine sechste Leuchte für die 32er-Stelle der Binärzahl benötigt. Nach dem gleichen Prinzip wird in der untersten Zeile die Sekundenzahl dargestellt. → 2

Binäre Uhr lesen • Die binäre Uhr zeigt die Uhrzeit an, indem alle Stellen der Binärzahl leuchten, die eine 1 enthalten. Die Stellen der Binärzahl werden für jede Zeile addiert. Bei der Bahnhofsuhr leuchten für die Stundenzahl die erste und die vierte Leuchte. Im Binärcode bedeutet das 10010. In das Dezimalsystem übertragen ergibt das 9 Uhr. Für die Minutenzahl leuchten die ersten drei und die fünfte Leuchte. Dies steht binär für 111010 und übersetzt bedeutet es 23 Minuten. Mit der letzten Zeile werden mit 010010 17 Sekunden abgebildet. Die Bahnhofsuhr zeigt damit die Uhrzeit 09:23:17 an.

1 Binäre Bahnhofsuhr in St. Gallen

Potenz	1	2	4	8	16	32	dezimal
Stunden	1	0	0	1	0	-	9
Minuten	1	1	1	0	1	0	23
Sekunden	0	1	0	0	1	0	17

2 Binäre Uhrzeit in dezimal übersetzt

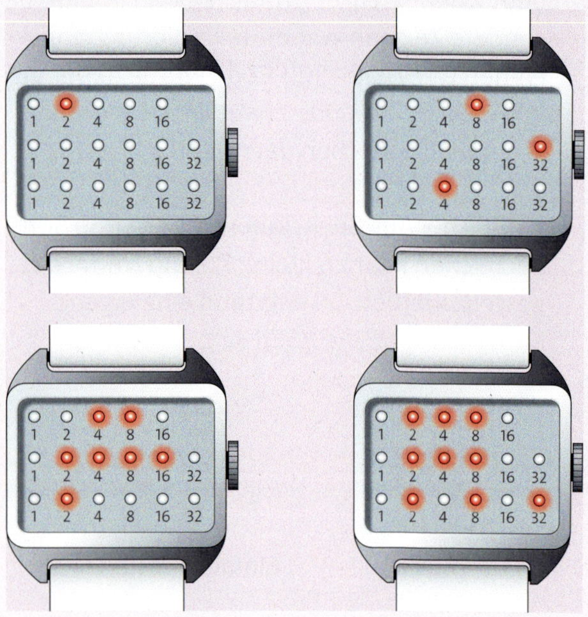

3 Binäre Uhrzeiten bei einer Armbanduhr

Binäre Uhr bauen • Mit einem Mini-Compter wie dem Calliope lässt sich eine binäre Uhr nachbauen.

1. Planungsphase

Organisiert euch in einem Programmierteam und besprecht die Ziele für das ganze Projekt. Notiert euch in einer Mindmap den Zeitplan, die benötigten Materialien und alle wichtigen Informationen. → 4

2. Arbeitsphase

Erstellt ein Programm für eine binäre Uhr. Teilt euch dabei die Aufgaben gut auf. → 5

3. Reflexionsphase

In einem Reflexionsmeeting sprecht ihr darüber, welche Ziele erreicht wurden. Überlegt, was an der binären Uhr noch verbessert werden könnte. Tauscht euch mit anderen Programmierteams aus. → 6

Aufgaben

1 Nennt jeweils für die binäre Uhrzeit die dezimale Uhrzeit. → 3

2 Erstellt ein Programm in Scratch für eine dezimale Uhranzeige.

3 Erstellt ein Programm in Scratch für eine binäre Uhranzeige.

4 Erstellt für einen Mini-Computer ein Programm, um auf der LED-Anzeige eine binäre Uhr darzustellen.

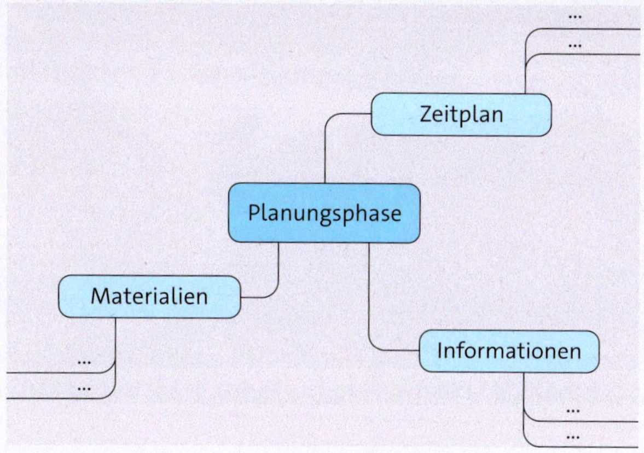

4 Mindmap der Planungsphase

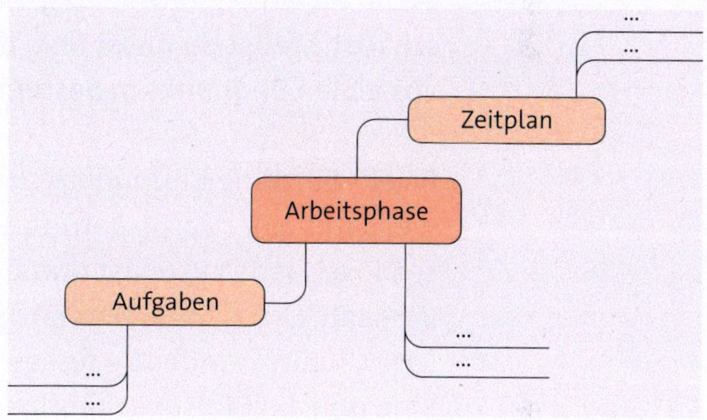

5 Mindmap der Arbeitsphase

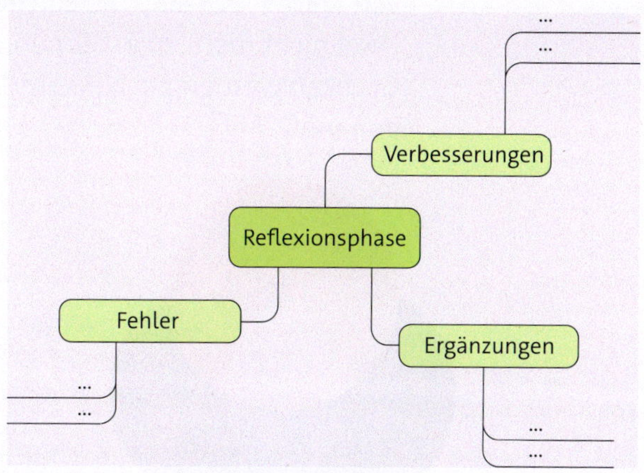

6 Mindmap der Reflexionsphase

Farben codieren

1 Ein Bild besteht meist aus Pixeln.

Wenn du ein digitales Bild genauer anschaust, stellst du meist fest, dass es aus vielen Bildpunkten besteht.

Pixel • Einzelne Bildpunkte sind jeweils mit einer Farbe gefüllt. Sie heißten Pixel. Jedes Pixel ist durch seine vertikale Lage (Zeile) und horizontale Lage (Spalte) eindeutig festgelegt. Eine übliche Bildschirmauflösung ist 1024 × 768 Pixel. Ab einer Auflösung von 1280 × 1024 sind die einzelnen Pixel nicht mehr zu erkennen. Solche Grafiken werden auch Pixelgrafiken genannt. → 1

RGB • Im RGB-System werden Farben auf Basis dreier Grundfarben durch additive Farbmischung erzeugt. Dazu ist die Angabe ihrer jeweiligen Rot-, Grün- und Blauanteile notwendig. Häufig stehen zum Speichern jedes Farbanteils 8 Bits zur Verfügung. So gibt es pro Farbe 256 Abstufungen. 0 steht für eine ausgeschaltete Farbe, 255 für 100%ige Sättigung. → 2

Eine Pixelgrafik setzt sich aus einzelnen Pixeln zusammen. Jedes Pixel wird durch Poistion und Farbe eindeutig beschrieben.

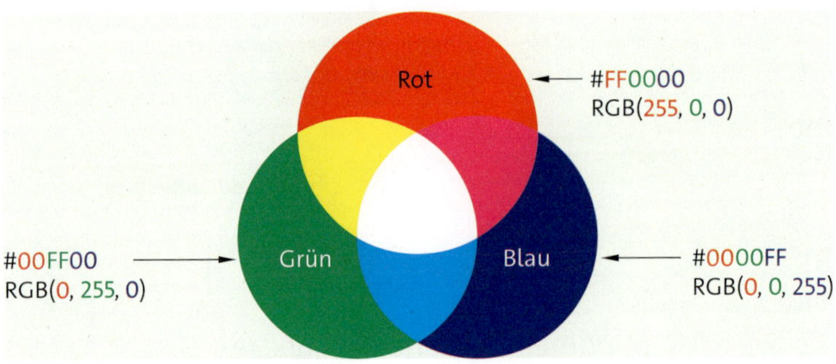

2 RGB-Codierungen

Aufgaben

1 Gebe die RGB-Codes der Mischfarben an. → 2

2 Zeichne auf einem Karopapier eine Pixelgrafik mit der Auflösung 10 x 10 Pixel.

das Pixel
die Pixelgrafik
die RGB-Codierung
die Farbpalette

Material A

Farbverlaufspaletten

Für die Gestaltung digitaler Inhalte findet man im Internet Farbpaletten: Darin sind für unser Auge gut zusammenpassende Farben aufgeführt. Oft folgt unser ästhetisches Empfinden hier mathematischen Regeln. Am Beispiel einer Farbverlaufspalette lässt sich dies gut nachvollziehen.

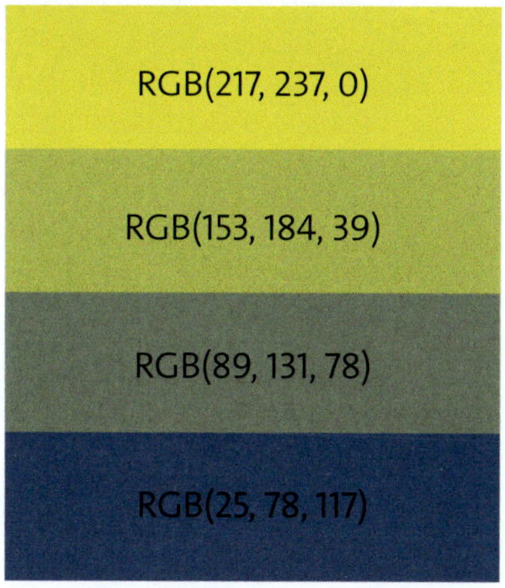

3 Farbpalette

1 Beschreibe, um wie viel sich die Rot-, Grün- und Blauanteile jeweils unterscheiden. → 3

2 Erstelle eine Farbpalette mit den gleichen Farbabständen wie in **1**, aber mit einer anderen Farbe.

3 Erstelle eine Farbpalette mit den Farben eines Regenbogens.

Material B

Pixelgrafiken codieren

Pixelgrafiken lassen sich online in Pixelprogrammen gestalten. Aber auch mit einem Texteditor lässt sich eine Pixelgrafik erzeugen. Es gibt verschiedene Text-Editoren: Windows Editor, Notepad++, Text Editor (iOS).

1 Erstelle eine Pixelgrafik in einem Pixelprogramm.

2 Erstelle eine graue Pixelgrafik mit einem Text-Editor. → 6

3 Erstelle eine bunte Pixelgrafik mit einem Text-Editor. → 6

```
P1 ——— Nummer des Bildformates
8 8 — Bildbreite und Bildhöhe (in Pixel)
2 ——— Maximalwert für Farbangaben
0 0 1 1 1 1 0 0 — Beschreibung der einzelnen Pixel
0 1 0 0 0 0 1 0
1 0 1 0 0 1 0 1
1 0 0 0 0 0 0 1
1 0 1 0 0 1 0 1
1 0 0 1 1 0 0 1
0 1 0 0 0 0 1 0
0 0 1 1 1 1 0 0
```

4 Pixelgrafik im Text-Editor

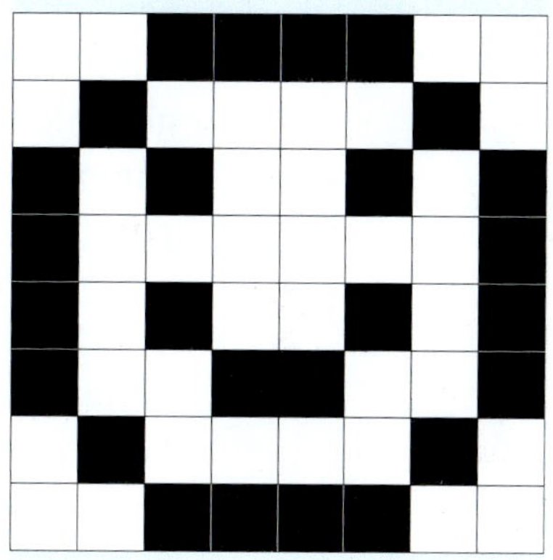

5 Pixelgrafik in Grafik-Software

Format	Portable Bitmap	Portable Graymap	Portable Pixmap
Nummer	P1/ P4	P2/ P5	P3/ P6
Dateiendung	.pbm	.pgm	.ppm
Codierung	binär / ASCII	binär / ASCII	binär / ASCII
Farbbereich	schwarz-weiß	Grautöne	RGB
Farbangabe	2	15	255

6 Verschiedene Formate für Pixelgrafiken

Daten verschlüsseln

1 Persönliche Daten sollten immer verschlüsselt werden.

Egal, ob Ablage wichtiger Daten, Chats mit Freunden oder Onlinebanking: Es gibt Informationen, die nur für bestimmte Personen, nicht aber für neugierige Dritte bestimmt sind.

Verschlüsselung • Um solche Informationen sicher abzulegen oder im Geheimen zu übertragen, kann man Codierungsregeln nutzen. Den Vorgang, eine Nachricht so zu codieren, dass Unbefugte die Information nicht einfach mitlesen können, nennt man Verschlüsselung.

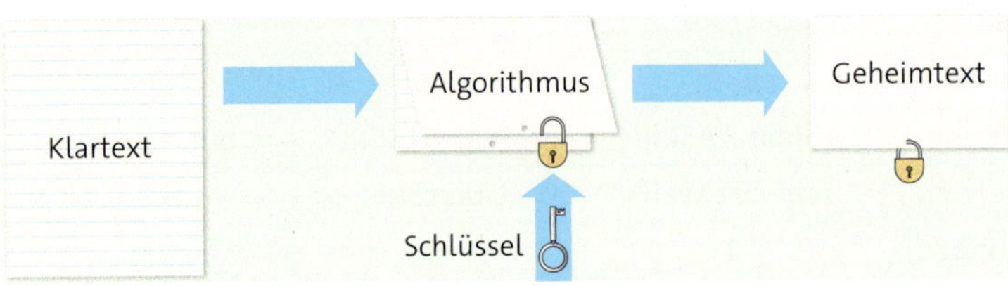

2 Ablauf einer Verschlüsselung

Schlüssel • Zum Verschlüsseln oder Entschlüsseln wird eine bestimmte Information benötigt, der sogenannten Schlüssel. Ohne den passenden Schlüssel ist eine Entschlüsselung nicht ohne weiteres möglich.

Klartext und Geheimtext • Ein Text, der nicht verschlüsselt ist, kann klar verstanden werden. Daher wird er Klartext genannt. Wenn dieser verschlüsselt wird, entsteht ein Geheimtext. Bei einer Verschlüsselung ist meist der Algorithmus bekannt oder kann nachgeschlagen werden. Die Zuordnung der Buchstaben und Zeichen ist durch den Schlüssel geheim. → 2

Aus einem Klartext wird mit einem Algorithmus und einem Schlüssel ein Geheimtext.

die Verschlüsselung
der Schlüssel
der Klartext
der Geheimtext
der Brute-Force-Angriff

Caesar-Verschlüsselung • Die Notwendigkeit, Informationen zu verschlüsseln, existiert nicht erst seit den Tagen des Internets. Angeblich verwendete schon der römische Feldherr Gaius Julius Caesar ein Verschlüsselungsverfahren, um geheime Nachrichten mit seinen Offizieren auszutauschen. Bei der nach ihm benannten Caesar-Verschlüsselung wählt man einen Buchstaben als geheimen Schlüssel und verschiebt jeden Buchstaben der Nachricht entsprechend der Stelle des Buchstabens im Alphabet weiter. → 3

Code knacken • Bei Verfahren wie der Caesar-Verschlüsselung wird nur eine Zuordnung von Klartextbuchstabe zu Geheimtextbuchstabe für die Verschlüsselung verwendet. Dadurch wird jeder Klartextbuchstabe immer durch denselben Geheimtextbuchstaben ersetzt.

Häufigkeitsanalyse • Man kann deshalb versuchen, den Schlüssel zu bestimmen, indem man die Häufigkeiten der einzelnen Buchstaben im Geheimtext zählt und mit Statistiken zur Buchstabenhäufigkeit in der jeweiligen Sprache vergleicht. Beispielsweise ist der häufigste Buchstabe in deutschsprachigen Texten das E. Ist der häufigste Buchstabe im Geheimtext nun K, ergibt sich als Schlüssel mit hoher Wahrscheinlichkeit 6 – der Abstand zwischen E und K. Damit eine solche Häufigkeitsanalyse funktioniert, muss der Text jedoch ausreichend lang sein.

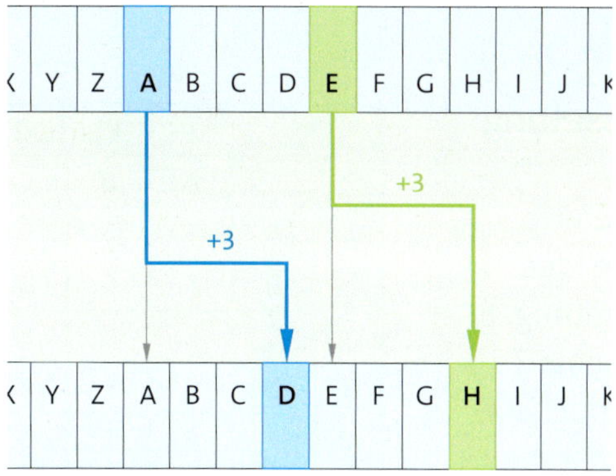

3 Caesar-Verschlüsselung

Brute-Force-Angriff • Die Caesar-Verschlüsselung ist aber noch aus einem anderen Grund leicht zu knacken. Es existieren insgesamt nur 26 mögliche Schlüssel, die sich relativ schnell durchprobieren lassen. Einen solchen Angriff, bei dem man versucht, den Schlüssel durch Ausprobieren aller Möglichkeiten zu ermitteln, nennt man Brute-Force-Angriff.

Bei einem Brute-Force-Angriff werden so lange verschiedene Schlüssel ausprobiert, bis der richtige Schlüssel gefunden und so der Geheimtext entschlüsselt wurde.

Aufgaben

1 Erkläre die Begriffe Schlüssel, Geheimtext und Klartext.

2 Erkläre die Caeser-Verschlüsselung an einem Beispiel.

3 Beschreibe Verfahren, um einen Code zu knacken.

Daten verschlüsseln

Material A

Vigenère-Verschlüsselung

Der Franzose Blaise de Vigenère verbesserte die Idee der Caesar-Verschlüsselung. Er verwendete mehr als eine Zuordnung von Klartextbuchstabe zu Geheimtextbuchstabe. Schreibt man alle Alphabete, die mit der Caesar-Verschlüsselung möglich sind, systematisch untereinander, erhält man das Vigenère-Quadrat. → 1 Nutze den Webcode für ein vollständiges Vigenère-Quadrat. Es wird zur Verschlüsselung und Entschlüsselung verwendet. Als Schlüssel wird ein ganzes Wort genutzt.

		Klartext			
		A	B	C	..
Schlüssel	A	A	B	C	...
	B	B	C	D	...
	C	C	D	E	...
	D	D	E	F	...
	E	E	F	G	...
	F	F	G	H	...
	G	G	H	I	...
	H	H	I	J	...
	...	...	...	...	...

1 Vigenère-Quadrat

1 Entschlüssel den Geheimtext mit dem Schlüsselwort "gelb". → 2

2 Verschlüssel einen Satz mit einem eigenen Schlüsselwort. Lass deinen Satz von einer anderen Person entschlüsseln.

3 Beurteile die Sicherheit der Vigenère-Verschlüsselung.

Klartext	A	A	W	D	C	I	T	Q	N	A	M	S
Schlüsselwort	G	E	L	B	G	E	L	B	G	E	L	B
Geheimtext	G	E	H	...	...	...	...	...	...	...		

2 Entschlüsselungstabelle mit dem Schlüsselwort "gelb"

Material B

Die Skytale der Spartaner

Eine Skytale ist ein Holzstab, auf dem ein Lederstreifen aufgerollt ist. Darauf stehen Nachricht zur Ver- und Entschlüsselung. → 3 Sender und Empfänger benötigten nur einen Holzstab mit demselben Durchmesser.

3 Eine Skytale

1 Erläutere, welche Information bei der Skytale den Schlüssel darstellt.

2 Baue selbst eine Skytale. Verschlüssel und entschlüssel damit Nachrichten.

3 Vergleiche das Verschlüsselungsverfahren der Skytale mit der der Caesar-Verschlüsselung.

Hinweis • Beachte dabei mögliche Angriffsverfahren.

Material C

Eigene Verschlüsselung

1 Entwickel ein eigenes Verschlüsselungsverfahren.

2 Setze dein eigenes Verschlüsselungsverfahren ein, um euch gegenseitig verschlüsselte Nachrichten zu schicken.

3 Beurteile die Sicherheit deins Verschlüsselungsverfahrens. Beachte dabei mögliche Angriffsverfahren.

die Skytale
die Kryptoanalyse
das Kasiski-Verfahren

Erweitern und Vertiefen

Verschlüsselungen knacken

Kryptoanalyse • Ein Geheimtext kann ohne einen Schlüssel entziffert werden. Dafür muss die Verschlüsselung analysiert und geknackt werden. Dies wird Kryptoanalyse genannt und es gibt dafür viele verschiedene Verfahren.

Kasiski-Verfahren • Bei der Vigenère-Verschlüsselung wird ein Klartextbuchstabe nicht immer durch denselben Geheimtextbuchstaben ersetzt. Daher wird sie eine polyalphabetische Verschlüsselung genannt. Der Schlüssel ist jedoch zyklisch, d. h. er wiederholt sich immer wieder. Genau an dieser Stelle kann man ansetzen, um diese Verschlüsselung zu knacken. → 4

1. Sucht nach sich wiederholenden Buchstabenfolgen.
2. Bestimmt deren Abstand.
3. Zerlegt diese Zahl in ihre Primfaktoren. Die Primfaktoren und alle Vielfachen sind Kandidaten für die Schlüssellänge.
4. Zerlegt mit der Schlüssellänge den Text in mehrere Teile mit gleicher Zuordnung von Geheimtextbuchstaben zu Klartextbuchstaben.
5. Entschlüsselt mit drei Häufigkeitsanalysen den Text.

Aufgaben

1 Verschlüsselt in einer Gruppe einen Klartext mit der Vigenère-Verschlüsselung. Schickt euren Geheimtext an eine andere Gruppe, aber ohne den Schlüssel zu nennen.

a Nutzt eine Schlüssellänge von drei Buchstaben und teil die Schlüssellänge mit.

b Nutzt eine selbst gewählte Schlüssellänge und teilt die Schlüssellänge nicht mit.

2 Entschlüsselt einen Geheimtext einer anderen Gruppe, aber ohne den Schlüssel zu kennen. Nutzt dabei das Kasiski-Verfahren. Vergleicht euren entschlüsselten Text mit dem Klartext der anderen Gruppe.

a Entschlüsselt einen Geheimtext mit einer Schlüssellänge von drei Buchstaben

b Entschlüsselt einen Geheimtext mit einer unbekannten Schlüssellänge.

3 Beurteilt die Sicherheit der Vigenère-Verschlüsselung mit einer Schlüssellänge von drei Buchstaben.

4 Recherchiert im Internet weitere Techniken, um Verschlüsselungen zu knacken.

Schlüssel	K	E	Y	K	E	Y	K	E	Y	K	E	Y	K	E	Y	K	E	Y	K	E	Y	K	E	Y	K	E
Klartext	T	R	E	F	F	E	N	V	O	N	S	O	N	N	T	A	G	A	U	F	M	O	N	T	A	G
Geheimtext	D	V	C	P	J	C	X	Z	M	X	W	M	X	R	R	K	K	Y	E	J	K	Y	R	R	K	K

4 Der Abstand ist 9 = 3 · 3, also könnte der Schlüssel die Länge 3 oder 9 haben.

Codieren und Decodieren

Zusammenfassung

Darstellung von Information • Um Informationen speichern, verarbeiten oder übertragen zu können, muss je nach Medium eine geeignete Repräsentation der Information geschaffen werden. Der Begriff Daten beschreibt in der Regel die Darstellung von Information in einer maschinenlesbaren Repräsentationsform. Der Vorgang des Umwandelns einer Repräsentationsform in eine andere wird Codieren genannt. Durch Prüfsummen können Fehler bei der Datenübertragung oder -speicherung erkannt werden.
In einem Barcode ist die gleiche Information auf zwei Arten codiert: oben maschinenlesbar, unten menschenlesbar.

0 123456 789012

Bits, Bytes und Zahlensysteme • Informationen, die digital verarbeitet werden sollen, werden im Binärsystem codiert.

1 = an = wahr   0 = aus = falsch

Eine einfach ins Binärsystem übertragbare Darstellung der Werte kann mit dem Hexadezimalsystem erreicht werden. Ein Bit ist die kleinste digitale Informationseinheit und kann zwei Werte darstellen. Acht Bit bilden ein Byte.

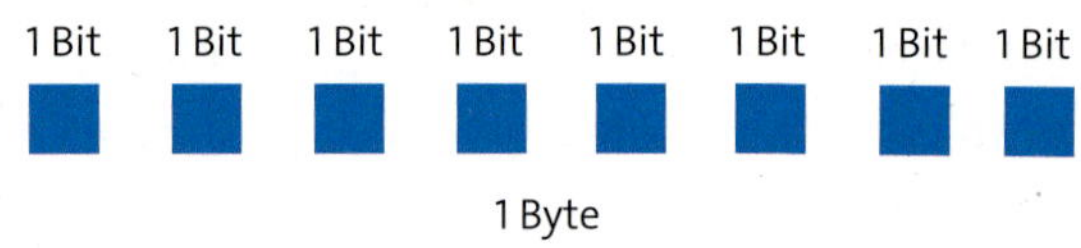

Farben codieren • Die Bildpunkte auf einem Bildschirm heißen Pixel. Aus ihnen können Pixelgrafiken erstellt werden.
Der Compter kann Farben nur in Form einer Farbcodierung lesen. Für die Codierung von Farben werden oft das RGB- oder Hexadezimal-System verwendet.

Computer		Mensch	
Hexadezimal	**RGB**	**Schrift**	**Visuell**
FF0000	255, 0, 0	rot	
0000FF	0, 0, 255	blau	
FFFF00	255, 255, 0	gelb	
800080	50, 0, 50	lila	
000000	0, 0, 0	schwarz	

Daten verschlüsseln • Verschlüsseln ist das Codieren eines Klartextes mithilfe eines Schlüssels in einen Geheimtext, um Informationen geheim zu speichern oder zu übertragen. Eine Entschlüsselung ist nur mit einem passenden Schlüssel möglich. Um eine Verschlüsselung ohne Kenntnis des Schlüssels zu knacken, werden bei einem Brute-Force-Angriff so lange verschiedene Schlüssel ausprobiert, bis der richtige Schlüssel gefunden.

Bei einer Häufigkeitsanalyse werden Buchstabenhäufigkeiten im Geheimtext analysiert, um Rückschlüsse auf den Klartext zu gewinnen.

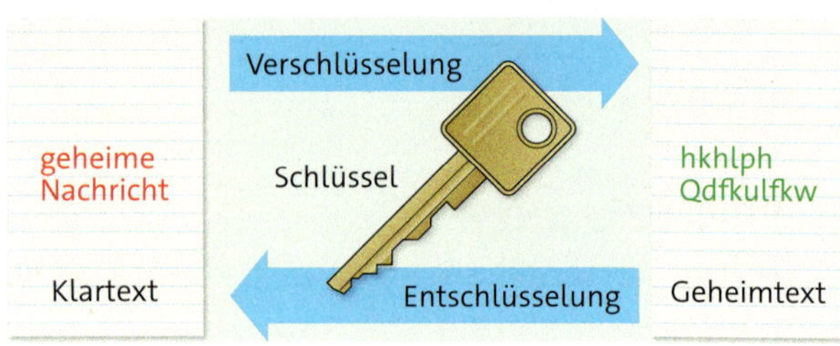

Teste dich! (Lösungen auf Seite 143)

Darstellung von Information

1 Überprüfe die folgenden Aussagen auf ihre Richtigkeit.
- a Information kann direkt gespeichert und übertragen werden.
- b Codieren ist das Schreiben von Computerprogrammen.
- c Eine kompakte Codierung kann auch Nachteile haben.
- d Mittels Prüfsummen können viele Übertragungsfehler zwar erkannt, aber nicht korrigiert werden.

2 Beschreibe Situationen in deinem Alltag, in denen Codierung von Informationen durchgeführt werden.

3 Ermittel bei den folgenden IBANs die Prüfsumme.
- a 350 700 24; 038 824 95 00
- b 100 100 04; 012 976 26 12

4 Überprüfe bei den folgenden IBANs die Prüfsumme.
- a DE04100100100987654321
- b DE25850503004000428549

5 Erkläre den Unterschied zwischen Codieren und einen Programmiercode schreiben.

Bits, Bytes und Zahlensysteme

6 Erkläre, wieso die Aufgabe 1 + 1 = 10 richtig ist.

7 Auf dem Geburtstagskuchen befinden sich Kerzen. Das Alter lässt sich mit nur wenigen Kerzen ablesen. Die leuchtenden Kerzen stehen für eine 1, die nicht leuchtenden für eine 0.
Bestimmte jeweils das Alter des Geburtstagskindes.

Farben codieren

8 Beschreibe, wie Farben mit dem RGB-System gemischt werden.

9 Erkläre, wie viele Abstufungen mit dem RGB-System beschrieben werden können.

10 Vergleiche die Formate für Pixelgrafiken miteinander.

Daten verschlüsseln

11 Beide Kinder gehen ins Schwimmbad hinein und wundern sich. Bei allen Hinweisschildern sind einige Worte verschlüsselt. Kannst du ihnen helfen?
- a Bevor man ins Wasser darf, muss man izxhmjs. F über A
- b Das Jnffre ist 24 Grad Celsius warm. M über A
- c Der Tsvwewaklwj überwacht den Tsvwtwljawt. S über A

12 Wende die Caesar-Verschlüsselung und das Vigènere-Verfahren an.
- a Verschlüssel das Wort „INTERNET“ mithilfe der Cäsar-Verschlüsselung und dem Schlüssel k=7.
- b Verschlüssel den Satz „ADA LOVELACE WAR INFORMATIKERIN“ mithilfe des Vigènere-Verfahrens mit dem Schlüssel „ALAN“.

13 Entschlüssle die Geheimtexte mit dem Schlüssel "Q über A".
- a Husxduh
- b XqBBE muBJ
- c luHIsxBKuIluBKDw
- d Aedhqt Pkiu udjmysaubju tud uhijud Secfkjuh.

Aufbau des Internets

Das Internet vernetzt die ganze Welt miteinander.

Der WLAN-Router ist nur eine Komponente eines weltweiten Netzes.

Deine Daten müssen vor Missbrauch geschützt werden.

Internet und World Wide Web

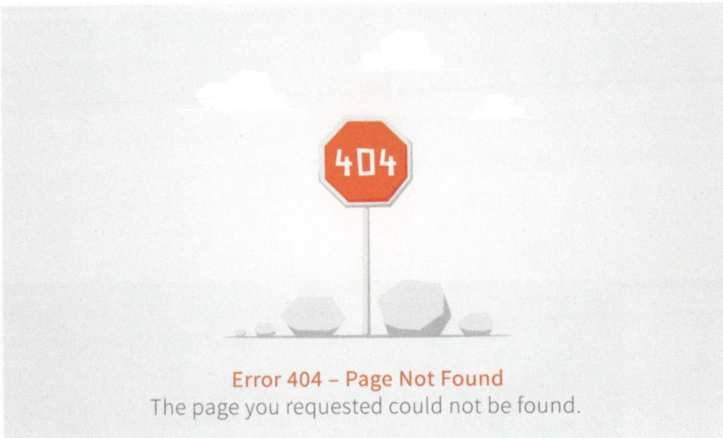

1 Eine Webseite kann nicht aufgerufen werden.

2 Das Video lädt langsam.

Dass wir ständig auf das Internet zugreifen, bemerken wir oft erst, wenn seine Dienste nicht erreichbar sind. → 1 2

Abkürzungen

Internet: engl. Interconnected networks

WWW: engl. Wolrd Wide Web

HTML: engl. Hypertext Markup Language

Arpanet: engl. advanced research projects agency network

IP: engl. Internet Protocoll

URL: engl. uniform ressource locator

Internet • Das Internet ist ein weltweites Netzwerk aus vielen Computernetzwerken. Dort werden viele Dienste bereitgestellt: Webseiten, Suchmaschinen, E-Mails, Chats, Soziale Medien, Cloudspeicher, Streaming-Dienste, Online-Spiele, Lexika und Online-Handel.

Das Internet besteht aus vielen verbundenen Netzwerken mit verschiedenen Computern.

World Wide Web • Der wichtigste Internet-Dienst ist das World Wide Web, kurz WWW. Es ist eine Ansammlung von Webseiten, die über das Internet erreichbar sind. Das World Wide Web wurde 1989 von Tim Berners-Lee am Schweizer Forschungszentrum CERN entwickelt.

Client und Server • Ein Server ist ein Computer, der bestimmte Dienste im Internet anbietet. Ein Websever stellt beispielswese Webseiten zur Verfügung. Mailserver bieten E-Maildienste an. Mit Spieleservern können Computerspiele online gespielt werden. Jeder Computer, der diese Dienste nutzt, wird Client genannt. Dies kann beispielsweise ein Tablet sein, mit dem ein Video gestreamt wird. → 2

Browser • Ein Browser ist ein Programm zum Anzeigen von Webseiten. Es gibt ein großes Angebot wie beispielweise Firefox, Safari oder Chrome.

HTML • Die Hypertext Markup Language ist eine Dokumentenbeschreibungssprache. Browser verstehen diese Sprache. Sie lesen darin, wie Texte und Bilder auf der Webseite angeordnet sind. Durch HTML sind anklickbare Verknüpfungen zu anderen Dokumenten möglich. Dieser Verknüpfungen werden Hyperlinks genannt.

der Client
der Server
der Browser
die URL
der Statuscode

Arpanet • Das ARPANET von 1969 ist der Vorläufer des Internets. Es war das Ergebnis eines Forschungsprojekts der US Air Force. Ziel war ein ausfallsicheres Kommunikationsnetz.

Datenpaket • Die Kommunikation im Internet funktioniert mithilfe von Datenpaketen. Dies sind Textdateien, die wie Postpakete mit Absender und Empfänger beschriftet sind. Damit sie ihr Ziel erreichen, muss die Verbindung zwischen Sender und Empfänger nicht wie beim Telefon durchgehend hergestellt werden. Die Nachricht wird in kleinen Paketen von Station zu Station übertragen und zusammengesetzt, wenn alle Teile da sind.

Protokoll • Ein Protokoll ist eine genaue Absprache. Es legt die Reihenfolge und Bedeutung von Abläufen fest. Das Internet-Protokoll legt fest, wie genau die Pakete aufgebaut sein müssen. Dadurch ist möglich, dass unterschiedliche Computer für unterschiedliche Dienste miteinander über dieselbe Leitung kommunizieren können, ohne durcheinander zu kommen.

Das Protokolle regeln den Datenverkehr im Internet.

HTTP/ HTTPS • Das Hypertext Transfer Protocol ist ein Teil des Internet-Protokolls und legt fest, wie Webseiten übertragen werden. Es wird mit HTTP abgekürzt. HTTPS regelt, wie dies verschlüsselt passiert. Das zusätzliche S steht für Secure, was sicher bedeutet.

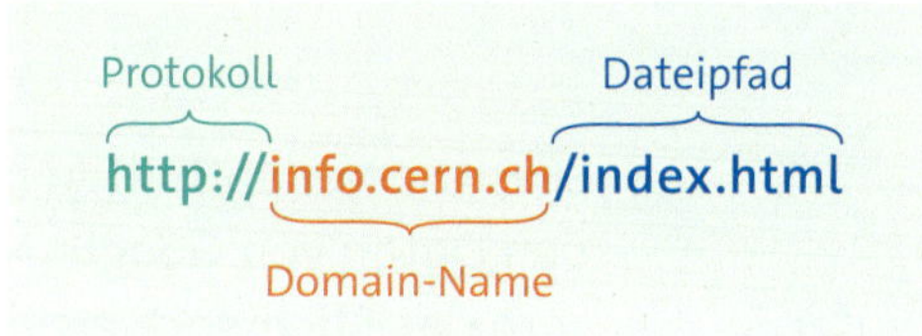

3 Aufbau einer URL

URL • Die Adresse einer Webseite wird auch URL genannt. Sie ist immer nach demselben Schema aufgebaut. So wie die erste Webseite der Welt: http://info.cern.ch/index.html. → 3

- http:// gibt an, welches Protokoll genutzt wird.
- info.cern.ch ist der Hauptteil der Adresse. Er heißt Domain-Name. Er gibt an, welcher Webserver gemeint ist.
- index.html zeigt den Dateipfad der Webseite, die übertragen wird.

Statuscode • Ein Server sendet über Statuscodes Informationen an den Browser. Wenn das Dokument der Webseite nicht gefunden werden kann, wird „404“ angezeigt. → 1

Aufgaben

1 Nenne Internet-Dienste. Erstelle eine Tabelle mit Name des Anbieters und Zweck des Dienstes.

2 Nenne für mindestens drei Dienste jeweils die vollständige URL.

3 Recherchiere den Unterschied zwischen den Fehlermeldungen „Server nicht gefunden“ und „404“. Ordne die Ursachen in der URL zu.

Internet und World Wide Web

Material A

Suchmaschinen

Der erste Google-Computer stand 1998 an der Stanford Universität in Kalifornien und hatte ein mit bunten Klemmbausteinen verkleidetes Gehäuse. Heute füllen die Server von Google mehrere Hallen in der Größe von Fußballfeldern. Darin sind Millionen von Festplatten.

Diese Server enthalten neben den Daten von Google-Nutzern das Stichwortverzeichnis der Suchmaschine. Dieses wird ständig aktualisiert.

Suchmaschinen durchsuchen bei einer Anfrage nicht das ganze Internet nach passenden Seiten. Sie erzeugen ihre Antwortliste aus ihrem großen Stichwortverzeichnis.

1 ◩ Recherchiere, wie sich die Google-Suche finanziert.

2 ⊠ Erstelle eine Liste mit zehn Suchmaschinen. Davon sollen drei besonders für Kinder geeignet sein.

3 ⊠ Vergleiche die Suchergebnisse von zwei Suchmaschinen zum gleichen Begriff.

1 Ein Server-Raum heute

2 Einzelner Serverschrank

Material B

Suche eingrenzen

Mit Operatoren lassen sich Suchergebnisse eingrenzen. → 3

1 Vergleiche die Suchergebnisse mit verschiedenen Operatoren.

a ◩ Hund, Katze

b ◩ Hund + Katze

c ⊠ Hund - Katze

d ⊠ „Hund Katze“

Operator	Beispiele	Wirkung
and / +	Schule and Computer Schule + Computer	Gibt nur Suchergebnisse an, die sowohl das Wort „Schule“ als auch ds Wort „Computer“ beinhalten.
„genauer Begriff“	„Schule mit Computern“	Gibt nur Suchergebnisse zurück, die die genaue Wort-Kombination „Schule mit Computern“ enthalten.
-	Schule - Computer	Gibt nur Suchergebnisse mit dem Wort „Schule“ zurück, in denen nicht „Computer“ vorkommt.
filetype:	Schule filetype: pdf	Gibt nur pdf-Dateien mit dem Wort „Schule“ zurück.

3 Operatoren, die bei der Internetsuche hilfreich sind.

die Operatoren
der Hypertext

Material C

Client-Server-Prinzip

Das Client-Server-Prinzip kann in einem Rollenspiel nachstellt werden. Stellt euch so im Raum auf, dass ihr mit ausgestreckten Armen Zettel übergeben könnt. Eine Person ist in der Rolle des Clients. Eine andere Person spielt den Server. Alle anderen sind Zwischenstationen und bilden ein Netz. Der Client stellt eine Frage per Zettel an den Server. Die Zwischenstationen leiten den Zettel – nicht unbedingt auf dem kürzesten Weg – bis zum Server weiter.

Der Server schickt nun einen anderen Zettel an den Client als Antwort – nicht unbedingt auf dem gleichen Weg – zurück.

1 Teilt die verschiedenen Rollen zu und spielt das Rollenspiel durch.

a Vergleicht den Hinweg und den Rückweg.
b Spielt das Rollenspiel nochmals durch. Dieses Mal mit mehreren ausfallenden Routern.
c Überlegt, was sich bei mehreren Clients ändern muss.

4 Client-Server-Rollenspiel

Material D

Hypertext

Hypertexte enthalten Links zu anderen Dokumenten oder Abschnitten. So entstehen vernetzte Texte. Dies gilt nicht nur für Webseiten. Es können auch in Textdokumenten, Präsentationen oder E-Mails Links eingesetzt werden.
Links lassen sich meist mit Markieren und Rechtsklick setzen. → 5
Ein sichtbarer Linktext kann sich von der verlinkte URL stark unterscheiden. Die URL wird angezeigt, wenn man mit dem Cursor über den Link fährt. → 6

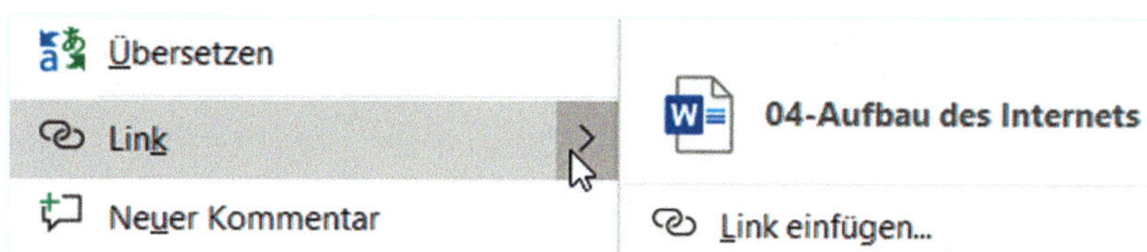

5 Einen Link setzen

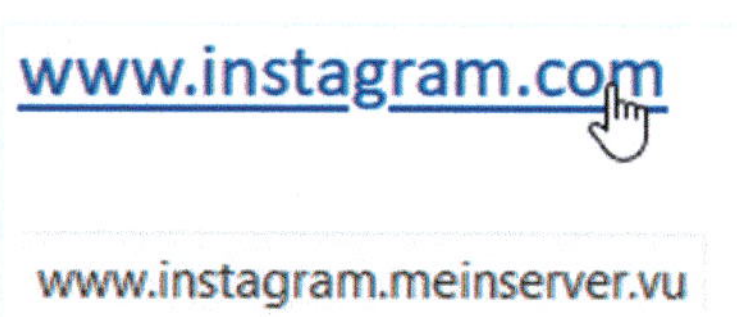

6 Einen Link überprüfen

1 Betrachte den Link im Bild unten. Gib an, zu welcher URL er führt.

2 Erstelle einige Textdateien und verlinke sie untereinander. Verändere anschließend die Linktexte. Prüfe erneut die Verweise.

Stationen und Wege im Internet

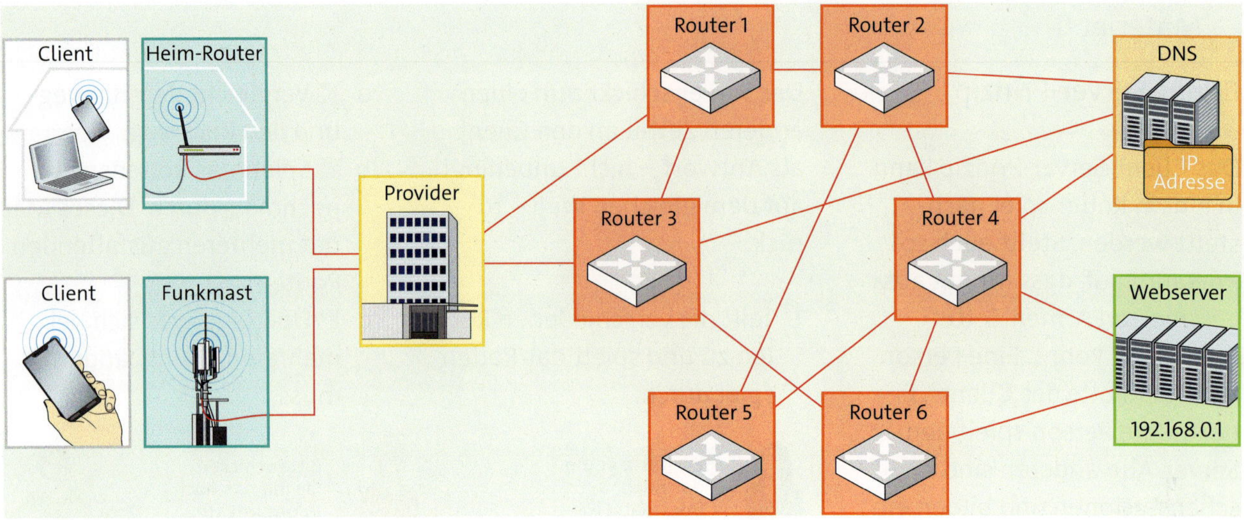

1 Aufbau des Internets

Wenn Datenpakete im Internet um die Welt verschickt werden, brauchen sie Übertragungswege und Adressen.

Router • Im Internet sorgen viele Router für die Verteilung der Datenpakete. Router sind spezielle Computer im Internet, die als Zwischenstationen und Wegweiser dienen. Sie leiten die Pakete durch das Internet weiter. Router kennen nicht den ganzen Weg des Pakets. Sie kennen und bestimmen nur die nächste passende Station. → 1

Heim-Router • Der Router zu Hause ist ein spezieller Router. Mit ihm sind Clients wie beispielsweise ein PC per Kabel oder drahtlos über WLAN verbunden. Daher wird er oft WLAN-Router genannt. Er stellt den Kontakt zwischen Client und Provider her.

Provider • Um das Internet nutzen zu können, ist einen Provider notwendig. Sie stellen den Internet-Zugang bereit. Das ist beispielsweise per DSL oder Glasfaser möglich. Der Provider erhebt dafür Gebühren. Zuhause sorgt oft ein WLAN-Router für die Verbindung der Geräte zum Provider. Unterwegs ermöglichen die Funktürme der Mobilnetzbetreiber den Internetzugang.

IP-Adresse • Vernetzte Computer sind untereinander mit IP-Adressen erreichbar. Eine IP-Adresse bezeichnet eindeutig ein Gerät im Internet. Sie ist vergleichbar mit der Wohnadresse.

Wortherkunft

Provider (engl.): Anbieter

(Sub-)Domain (engl.): (Unter-) Bereich

DNS: engl. Domain Name Service

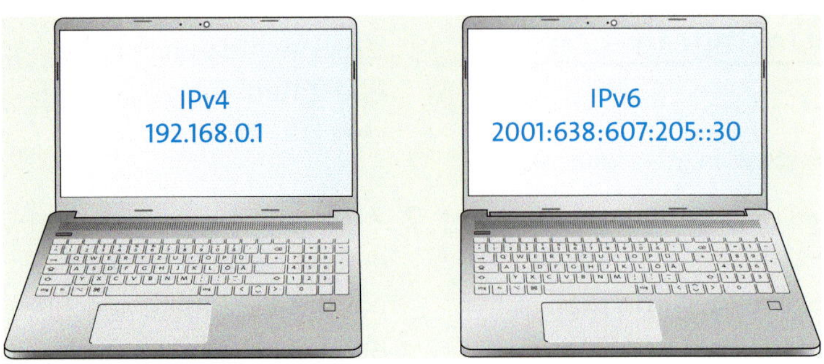

2 IPv4 und IPv6

der Router
der Provider
die Domain
das Routing
der DNS-Server

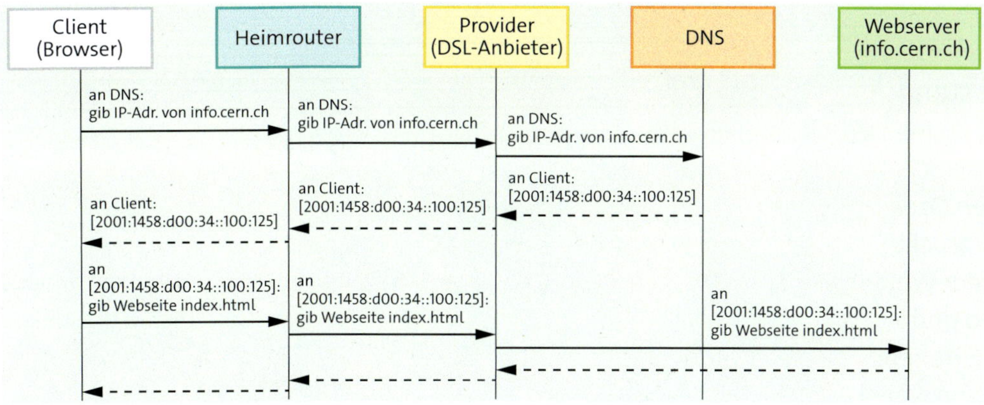

3 Eine Webseite wird aufgerufen.

IPv4 und IPv6 • Eine IP-Adresse kann aus vier Zahlen bestehen. Sie ist dann IP-Version 4, kurz IPv4. Sie kann auch aus acht hexadezimalen Zahlen aufgebaut sein. Dies ist dann IPv6. → 2

IP-Adressen sind eindeutige Adressen von Geräten, die mit dem Internet verbunden sind.

Domain • Menschen können sich IP-Adressen nicht gut merken. Daher haben Server zusätzlich zur IP-Adresse einen eindeutigen Domain-Namen. Das kann beispielsweise info.cern.ch. sein. Der Abschnitt „.ch" heißt Top-Level-Domain und steht hier für die Schweiz. In Deutschland ist die Top-Level-Domain „.de". Wenn Abschnitte davorstehen, wie „info" bei „info.cern.ch", ist dies die sog. Subdomain.

DNS • Ein DNS-Server ist eine Art Adressbuch und übersetzt die Domain-Namen in IP-Adressen. Clients erfragen beim DNS die IP-Adresse zu der gewünschten Domain. → 3

Weg einer Webseite • Will man mit einem Browser als Client eine Webseite aufrufen, werden zwei Anfragen gestellt:

1. Über den Heim-Router und Provider muss zuerst die IP-Adresse des Webservers, beispielsweise info.cern.ch beim DNS angefragt werden.
2. Dann fragt der Browser den Server mit der so erhaltenen IP-Adresse [2001:1458:d00:34::100:125] nach der Webseite index.html. Die Antwort des Servers wird über den Provider wieder zum Client zurückschickt.

Aufgaben

1 Beschreibe verschiedene Wege vom Provider zum Webserver. → 1

2 Beschreibe den dezentralen Aufbau des Internets und die Funktion einiger Komponenten.

3 Beschreibe den Ablauf zum Aufruf einer Webseite. → 3

Stationen und Wege im Internet

Material A

Internet von Ostfriesland bis nach Australien

Für das Internet werden Ozeane mit Seekabeln überbrückt. Das längste Seekabel der Welt beginnt in Ostfriesland und endet in Japan und Australien. Es ist 39.000km lang. Von Norden aus führen auch Kabel nach Amerika.
Es ist möglich den Weg der Daten darzustellen. Solche Dienste können als „Visual Traceroute“ gefunden werden. Tools für die Ortung von Webservern erhält man z.B. mit dem Suchbegriffen „ip lookup“.

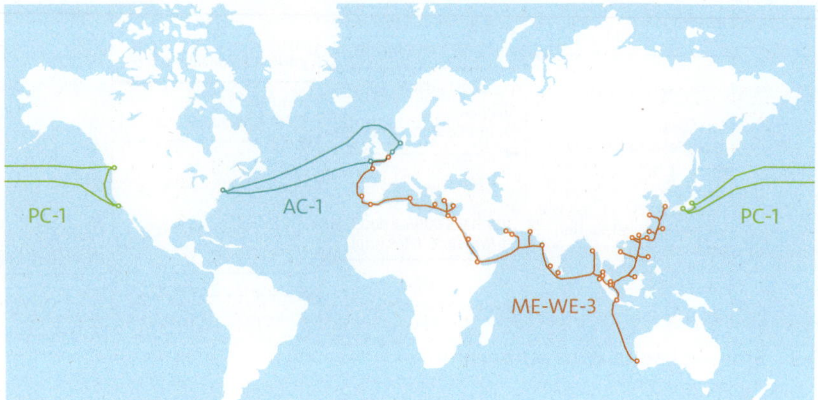

1 Seekabel von Ostfriesland bis Australien

1 Gib die IP-Adresse 134.106.87.120 in die Adresszeile eines Browsers ein und notiere, zu welchem Webserver sie gehört.

2 Ermittle deine IP-Adresse.

3 Ermittle den Standort von drei Webservern deiner Wahl. Notiere das Ergebnis.

Material B

Wer steckt hinter der Domain?

Mit einer sogenannten Whois-Anfrage erfährt man, wer für eine Webseite verantwortlich ist. Dort kann man auch erfahren, wann diese Einträge zuletzt geändert wurden.
Eine Whois-Anfrage kann helfen zu prüfen, ob eine Webseite vertrauenswürdig ist. Dafür vergleicht man das Ergebnis mit den Angaben unter „Impressum“ oder „Kontakt“ auf einer Webseite.

Registrant Contact

Name:	Domain Admin
Organization:	Instagram LLC
Street:	1601 Willow Rd
City:	Menlo Park
State:	CA
Postal Code:	94025
Country:	US
Phone:	+1.6505434800
Email:	domain@fb.com

Registrant Contact

Name:	Domain Admin
Organization:	WhatsApp LLC
Street:	1601 Willow Rd
City:	Menlo Park
State:	CA
Postal Code:	94025
Country:	US
Phone:	+1.4089405686
Email:	domain@fb.com

2 Ergebnisse einer Whois-Anfrage

1 Vergleiche die beiden Ergebnisse einer Whois-Anfrage im Bild. Beschreibe und erkläre den Zusammenhang der beiden. → 2

2 Vergleiche die Kontaktadressen im Impressum der Webseiten der beiden Firmen.

das Seekabel
die Whois-Anfrage

Erweitern und Vertiefen

Informationen im Netz beurteilen

Versionsgeschichte • Wenn du wissen möchtest, ob du den Informationen auf einer Webseite trauen kannst, ist die Versionsgeschichte hilfreich. Sie gibt Auskunft darüber, wann und wie sich eine Webseite verändert hat. Zusammen mit dem Impressum, dem Standort und den Verantwortlichen einer Domain lässt sich so abschätzen, ob man dem Inhalt vertrauen kann. Einige Webseiten bieten solche Dienste selbst an.
Bei Wikipedia kann man die letzten Änderungen über den Punkt „Versionsgeschichte" einsehen. Damit können Versionen miteinander direkt verglichen werden. So können beispielsweise die Unterschiede einer Änderung für die Beschreibung, was eine Versionshistorie ist eingesehen werden. → 3

Internet-Archiv • Das Internet Archiv hat sich zur Aufgabe gemacht, das Internet zu speichern. Es bietet die sogenannte Way-BackMachine an. Mit ihr kann man für viele Webseiten in die Vergangenheit reisen und alte Versionen ansehen. Da dieser Dienst so viele Seiten speichert, dauert die Suche dort länger, als man es sonst gewöhnt ist. → 4

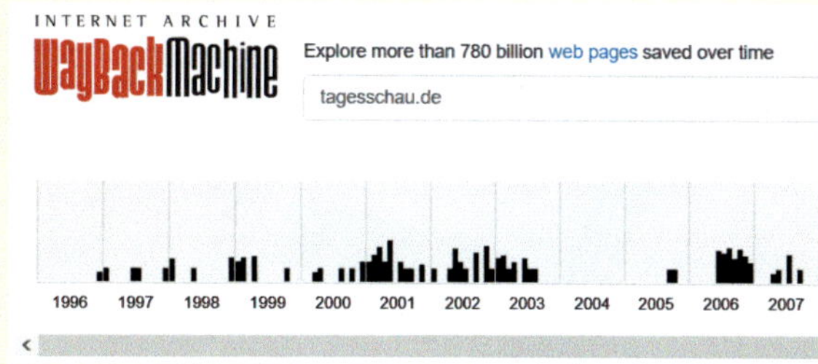

4 Way-Back-Machine

Aufgaben

1 Beschreibe die abgebildeten Änderungen im Eintrag „Versionsgeschichte". → 3

2 Rufe die Wikipedia-Seite über „Schule" auf. Ermittle den Zeitpunkt des ersten Eintrages und die ersten zwei Sätze.

3 Ermittle mit der Way-Back-Machine die Schlagzeilen der Tagesschau vom 23. 6. 2013. Notiere die ersten drei.

4 Finde für drei Webseiten, die du häufig nutzt, heraus, wann sie das erste Mal durch das Internet-Archiv erfasst wurden. Vergleiche deren Webseite damals und heute.

Version vom 23.02.2023; 11:01 Uhr	Version vom 23.02.2023; 11:09 Uhr
Zeile 3:	*Zeile 3:*
− Mit einer Versionshistorie können verschiedene Versionen direkt miteinander verglichen werden.	+ Mit einer Versionsgeschichte können verschiedene Versionen eines Textes direkt verglichen werden.

3 Änderungen eines Eintrages

Datenschutz schützt Menschen

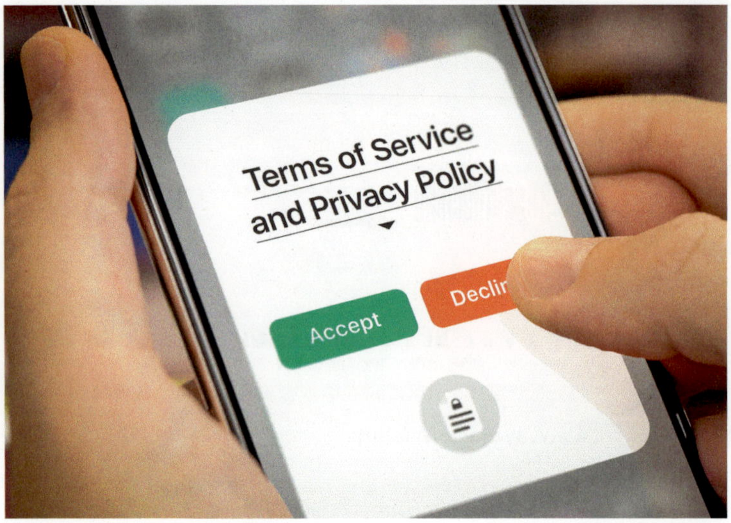

1 Zustimmung der Datenschutzbestimmungen und ABGs.

Die Verarbeitung von Daten, mit denen Personen identifiziert werden können, ist erst verboten. Daher wird man oft um Zustimmung gebeten. → 1

Datenschutz • Datenschutz dient dazu, Menschen zu schützen. Mit personenbezogenen Daten kann eine Person identifiziert werden. Deshalb ist der Umgang mit personenbezogenen Daten besonders geregelt.

Selbstbestimmung • Jeder hat das Recht auf informationelle Selbstbestimmung. Das Recht sieht vor, dass jede Person selbst bestimmen kann, wer wann was über sie weiß.

DSGVO • In der Europäische Union ist der Datenschutz durch eine Datenschutz-Grundverordnung geregelt. Sie kann durch andere Gesetze nur genauer festgelegt, aber nicht abgeschwächt werden.

Abkürzung

DSGVO: Datenschutz-Grundverordnung

AGBs: Allgemeine Geschäftsbedingungen

Datensparsamkeit • Die Erhebung, Verarbeitung und Nutzung personenbezogener Daten müssen so wenig wie möglich erfolgen. Dies wird als Grundsatz der Datensparsamkeit bezeichnet. Der Zweck muss vorher feststehen. Die Daten dürfen nur unter bestimmten Bedingungen erhoben und genutzt werden. Diese sind:
- Die betroffene Person stimmt zu.
- Es dient der Vertragserfüllung wie beispielsweise einem Online-Einkauf.
- Es dient zum Schutz der Person oder anderen Personen.
- Es liegt im öffentlichen Interesse.
- Es wird durch weitere gesetzliche Regelungen vorgeschrieben.

AGBs • Viele Apps und Webseiten sammeln viele persönliche Daten. Welche Daten erhoben werden, müssen die Hersteller in den sogenannten Allgemeinen Geschäftsbedingungen offenlegen. Auch müssen sie die Zustimmung zur Erhebung einholen. → 1

Beim Datenschutz gelten die informationelle Selbstbestimmung und die Datensparsamkeit.

Aufgaben

1 Erkläre den Begriff Datenschutz.

2 Erkläre den Begriff Datensparsamkeit in deinen eigenen Worten.

3 Nenne Daten mit denen eine Person identifiziert werden könnte.

der Datenschutz
die informationelle Selbstbestimmung
die Datensparsamkeit
die Datenschutzeinstellung

Material A

Datenschutzeinstellungen

Die Zugriffsrechte von Apps lassen sich einsehen und einstellen. In Browsern und auf Smartphones können zusätzlich Blocker gegen Tracking und Werbung installiert werden. Diese lassen sich unter „Erweiterungen“ oder „Add-Ons“ verwalten. → 2

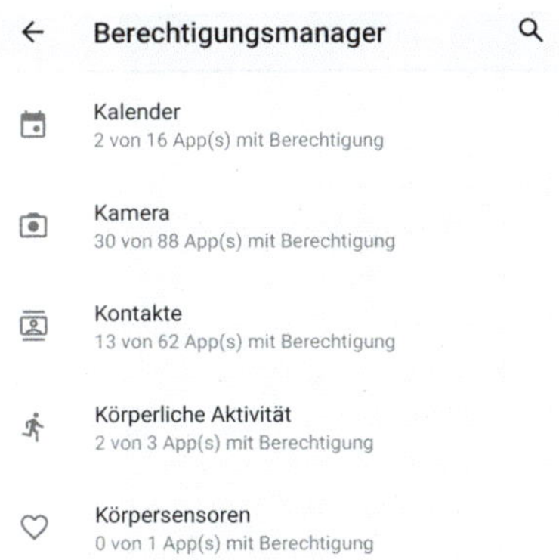

2 Berechtigungen verwalten

3 Den Standort freigeben?

3 Öffne die Chronik deines Browsers. Notiere, was sich daraus über dich erfahren lässt.

1 Recherchiere in den Datenschutzbestimmungen und AGBs einiger Apps und fasse zusammen, welche Daten sie erheben.

2 Diskutiert über die Gründe von Appherstellern und Onlineshops, möglichst viele Daten über die Nutzenden zu sammeln.

4 Vergleiche in verschiedenen Browsern die Möglichkeiten für einen „privaten Modus“ und zum Löschen des Verlaufs.

Material B

Datenschutz in der Schule

In Schulen werden viele Daten von Kindern und Jugendlichen, aber auch von Lehrkräften verarbeitet.

Welche das sind und zu welchem Zweck, ist in Landesschulgesetzen geregelt. Es steht im Niedersächsischen Schulgesetz in §31.

Einen besonderen Schutz genießen Daten zur Religionszugehörigkeit, zur Gesundheit und zur Herkunft.

Bei Fragen oder Verstößen kann man sich an die Datenschutzbeauftragten der Schule wenden. Verantwortlich für die Umsetzung des Datenschutzes ist die Schulleitung.

Persönliche Daten
- Name
- Identifikationsnummer
- Geburtstdatum, Alter
- Adresse
- Telefonnummer
- E-Mail-Adresse
- Zeugnisse und Zertifikate

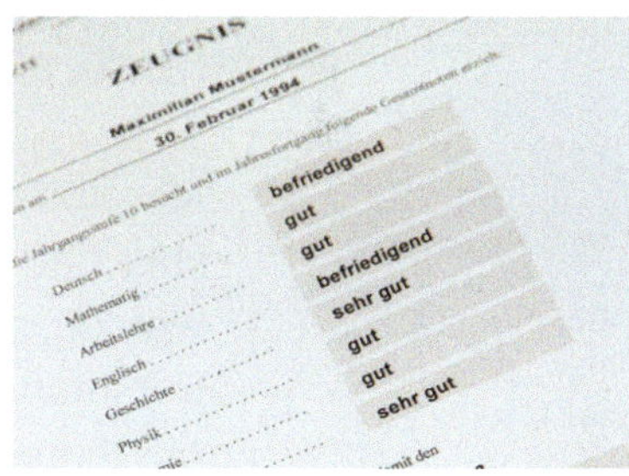

4 Ein Schulzeugnis

1 Stellt gemeinsam eine Liste der Orte auf, an denen in der Schule persönliche Daten gespeichert werden. Ordnet jedem Eintrag mindestens einem Zweck zu, dem diese Speicherung dient.

Datensicherheit sichert Daten

1 Sicheres Onlinebanking mit Zugangsdaten und Fingerabdruck

Daten wie die Zugangsdaten zum Onlinebanking sollten geschützt werden.

Datensicherheit • Datensicherheit ist der Schutz von Daten vor Verlust, Veränderung und unbefugtem Zugriff. Passwörter und Verschlüsselung sind hierfür besonders wichtig.

Identitätsmissbrauch • Wenn persönlicher Daten unberechtigte genutzt werden, spricht man von Identitätsmissbrauch. Dazu gehört auch der Missbrauch von Fotos und Zugangsdaten einer Person. Die häufigsten Formen treten bei Kreditkartenbetrug und Onlinegeschäften auf. Auch im Zusammenhang mit Mobbing kann Identitätsmissbrauch vorkommen.

Daten wie Fotos, Zugangsdaten und persönliche Daten müssen geschützt werden. Mit diesen Daten kann eine Identität geklaut werden.

Wortherkunft

Phishing (engl.): Passwörter angeln

Synonym

Identitätsmissbrauch: Identitätsdiebstahl

Abkürzung

https: engl. Hypertext Transfer Protocol Secure

Phishing • In sogenannten Phishing-Mails wird versucht, Zugangsdaten abzufangen. Dazu nutzen Angreifer Webseiten, die dem Original ähnlich sind. Dort wird man aufgefordert, seine Benutzerdaten oder Kontodaten einzugeben. Du solltest bei solchen Mails immer misstrauisch werden.

Zwei-Faktor-Authentifizierung • Die einfache Kombination aus Benutzername und Passwort ist oft zu unsicher. Daher verlangen inzwischen viele Systeme zwei verschiedene Bestätigungen. Diese Bestätigungen werden Faktoren genannt. Es wird beispielsweise ein Fingerabdruck genutzt. Zusätzlich wird ein einen Code per SMS ans Telefon geschickt. So kann sicher nachgewiesen werden, dass eine berechtigte Person auf das System zugreifen möchte. → 1

https • Webseiten, auf denen man persönliche Daten eingibt, sollten immer eine verschlüsselte Übertragung verwenden. Diese erkennt man an https am Beginn der URL. Es ermöglicht eine abhörsichere Verbindung zwischen Client und Server.

Aufgaben

1 Nenne Maßnahmen, um persönliche Daten sicher im Internet zu nutzen.

2 Erkläre das Vorgehen bei einer Zwei-Faktor-Authentifizierung.

die Datensicherheit
der Identitätsmissbrauch
das Phishing
die Zwei-Faktor-Authentifizierung

Material A

Unsichere Passwörter

Hacker probieren mit speziell dafür entwickelten Programmen ganze Wörterbücher mit Passwörtern aus. Dies wird eine Brute Force Attacke genannt. Besonders häufige Passwörter sind daher sehr unsicher.

Unsichere Passwörter
- hallo
- passwort
- hallo123
- passwort1
- qwertz

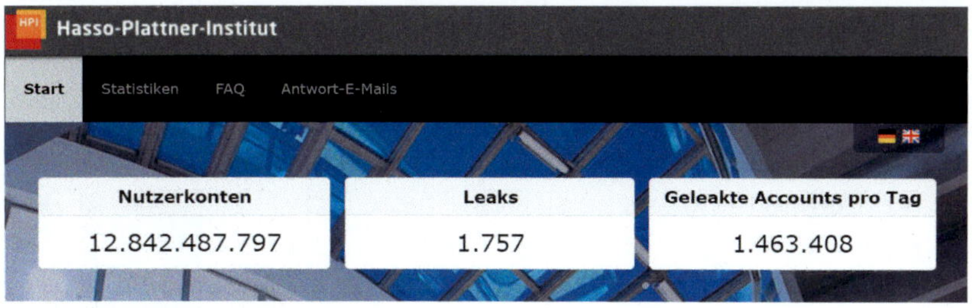

2 HPI-Identitätschecker

Man kann beim Identitätschecker des Hasso-Plattner-Instituts prüfen lassen, ob die eigene Mailadresse von einem Datenleck betroffen ist. → 2

Passwörter sind auch dann unsicher, wenn sie etwas mit dem persönlichen Umfeld zu tun haben. Daher sollte man keine Namen von Verwandten, Haustieren oder Idolen verwenden.

1 Überlege, welche Passwörter du ändern solltest.

2 Recherchiere, was der Begriff „Social Engineering" bedeutet.

Material B

Sichere Passwörter

Ein sicheres Passwort ist möglichst lang. Es kann beispielsweise aus den ersten Buchstaben eines Satzes bestehen. So wird beispielsweise aus „Meine Oma Kati wohnt in der Bahnhofsstraße 14A" das Passwort „MOKwidBhs-14a"

Zugangsdaten kann man in sogenannten Passwortmanagern speichern, um die Übersicht zu behalten.

Kriterien sicheres Passwort
- so lang wie möglich
- mit Buchstaben
- mit Zahlen
- mit Sonderzeichen
- für jeden Zugang anders

1 Bewerte die Sicherheit der folgenden Passwörter:
a HalloPapa
b qwertzuiopü
c 12042012
d MBwiK75b-1OG

Material C

Malware

Computerviren und Spähprogramme sind Teil der sogenannten Malware. Darunter versteht man Software, die sich unerlaubt Zugang zu Computern verschafft und Schaden anrichtet. Anti-Viren-Scanner können diese erkennen.

1 Recherchiere, warum man Anti-Viren-Programme ständig updaten sollte.

Auswirkungen des Internets

Projekt

Wir leben online

„Wie seid ihr früher ohne Internet klargekommen?" Technologie verändert das Leben der Menschen immer, wenn sich eine neue Technik verbreitet. Das ist nicht erst seit dem Internet so. Vor allem neue Kommunikationstechniken haben unser Leben verändert. → 1

Die Veränderungen betreffen viele Bereiche:
- Bildungswesen
- Arbeitsleben
- Freizeit
- tägliche Versorgung wie Einkaufen, Essen und Wohnen
- Politik
- Kreativität, Kunst und Musik
- Sport

1 Kommunikation im Wandel

1. Planungsphase
Bildet Gruppen und nehmt euch eine historische Neuerung der Kommunikation vor: Briefpost, Bücher, Zeitung, Telefon, Radio, Fernsehen, Mobiltelefon oder soziale Medien. Sammelt zunächst eigene Gedanken dazu in einer Mindmap.

Leitfragen zur Aufbereitung:
1. Wie funktioniert die ausgewählte Kommunikationstechnik?
2. Wie und warum haben die Menschen diese zuerst und wie später genutzt? Was wurde leichter, was wurde evtl. erschwert?
3. Welche Veränderungen im Alltag, in der Wirtschaft oder Weltpolitik gingen damit einher?

2. Arbeitsphase
Befragt Personen eures Umfelds nach dem Einfluss, den dieses Medium auf sie oder deren Eltern hat(te). Recherchiert die Erfindung und Verbreitung. Gestaltet ein Plakat, eine Webseite oder einen Erklärfilm zum Thema.

3. Reflexionsphase
Prüft nach, ob ihr auf alle drei Leitfragen eingegangen seid. Ergänzt bei Bedarf.

Aufgaben

1 Erstellt eine Mindmap zum Thema „Kommunikation im Wandel".

2 Führt eine Umfrage durch und wertet die Ergebnisse aus.

3 Präsentiert eure Ergebnisse mit einem Medium eurer Wahl.

Die smarte Welt mitgestalten

Auch das Internet entwickelt sich ständig weiter. Dahinter stecken viele große Unternehmen, aber auch viele einzelne Privatpersonen. Jeder kann das Internet mitgestalten. Man braucht nur Ideen.

Viele Geräte sind bereits jetzt mit dem Internet vernetzt und tauschen Nachrichten miteinander aus. Beispielsweise sagen Waschmaschinen über eine App Bescheid, wenn sie fertig sind. Smarte Lampen reagieren auf die Wettervorhersage. Auch in der Industrie sprechen sich immer mehr Maschinen untereinander ab. Diese Entwicklung nennt man Internet der Dinge. → 3 Ob die Vernetzung von Dingen sinnvoll ist oder eher schädlich, sollte bei all solchen Erfindungen immer berücksichtigt werden.

1. Planungsphase
Bildet Gruppen und wählt zwei oder drei Gegenstände aus. → 2 3 Findet verrückte und praktische Anwendungsfälle für eine Vernetzung dieser Dinge übers Internet.

2 Alltagsgegenstände

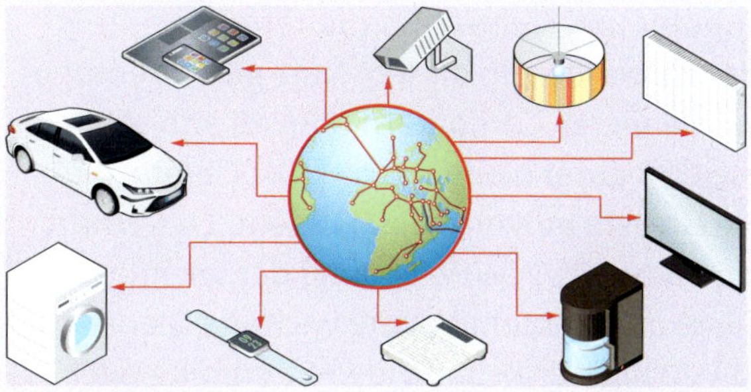

3 Internet der Dinge

2. Arbeitsphase
Überlegt, was an der Vernetzung dieser Gegenstände übers Internet hilfreich wäre und für wen. Gestaltet dazu eine Bildergeschichte.

3. Reflexionsphase
Vergleicht in der Klasse die Geschichten untereinander. Welche Personengruppen tauchen in den Geschichten auf? Welche Gruppen wurden vergessen? Welche negativen Folgen könnten die Ideen haben, auch für ältere Menschen? Ergänzt die Bildergeschichte.

Aufgaben

1 Beschreibt in Kleingruppen praktische Anwendungsfälle für eine Vernetzung von Alltagsgegenständen übers Internet.

2 Erstellt eine Bildergeschichte, die erklärt, was an dieser Vernetzung hilfreich wäre und für wen.

3 Beurteilt die Auswirkungen der Ideen auf die Umwelt.

Aufbau des Internets

Zusammenfassung

Internet und World Wide Web • Das Internet ist ein weltweites, öffentliches Netzwerk. Dort sind Computer und kleinere Computernetze miteinander verbunden. In diesem Netz gibt es Computer, die anderen Computern Dienste anbieten. Diese Computer heißen Server. Die Geräte, die diese Dienste nutzen, heißen Client. Das World Wide Web, kurz WWW, ist einer der wichtigsten Dienste im Internet. Weitere wichtige Dienste sind E-Mail, Musik- und Video-Streaming oder Cloud-Speicher. Das WWW besteht aus vernetzten Webseiten. Für die Vernetzung dienen Hyperlinks. Browser zeigen die Webseiten an. → 1

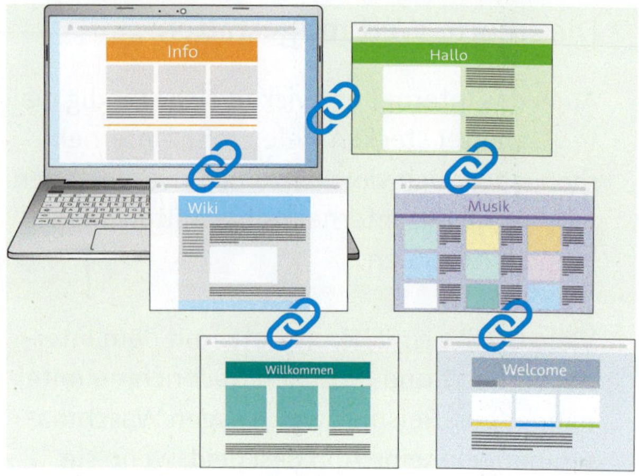

1 Vernetzte Webseiten

Stationen und Wege im Internet • Protokolle regeln, wie sich Datenpakete im Internet bewegen und wie sich verschiedenste Computer untereinander verständigen können. Für die Übertragung von Webseiten werden http und https genutzt. Das Internet ist über die ganze Welt verteilt. Damit die verschiedenen Dienste mit ihren Ser-vern erreichbar sind, benötigen die Datenpakete zur Übertragung Zwischenstationen, die den Datenverkehr möglich machen. Solche Zwischenstationen sind Router, DNS und Provider. Geräte im Internet sind über eindeutige IP-Nummern erreichbar, die jedem Gerät im Internet zugewiesen werden. Diese Nummern gibt es in Version 4 oder Version 6.

Datenschutz schützt Menschen • Beim Datenschutz werden die Erhebung, Speicherung, Verarbeitung und Nutzung von Daten besonders geregelt, die mit natürlichen Personen verbunden sind. Das Recht auf informationelle Selbstbestimmung sieht vor, dass jeder selbst bestimmen kann, wer wann was über ihn weiß. Allgemeine Geschäftsbedingungen, kurz AGBs, geben beispielsweise den Umfang der Daten an, die verarbeitet werden.

Datensicherheit sichert Daten • Wenn Daten aller Art vor Verlust, Veränderung oder unbefugtem Zugriff geschützt werden, spricht man von Datensicherheit. Hierfür sind sichere Passwörter und Verschlüsselung wichtig. Sicherheitskopien helfen bei der Datenrettung. Das Abfangen von Zugangsdaten gehört zu den häufigsten Angriffen auf die Datensicherheit. Es wird Phishing genannt. Programme, die auf fremden Computern Schaden anrichten, bezeichnet man als Malware. Sie dienen oft kriminellen Zwecken. Vor Computerviren und anderer Malware kann man sich durch Anti-Viren-Programme schützen.

Teste dich! (Lösungen auf Seite 144)

Internet und World Wide Web

1 Beschreibe den Unterschied zwischen dem Internet und dem WWW.

2 Benenne die einzelnen Teile einer URL.

3 Beschreibe die Wirkung bei einer Internetsuche, wenn Begriffe mit den Operatoren + oder - verknüpft werden.

4 Begründe, wieso das Internet manchmal langsam lädt oder Webseiten manchmal gar nicht erreichbar sind. Nenne die Komponenten, die infrage kommen.

Stationen und Wege im Internet

5 Überprüfe die folgenden Aussagen auf ihre Richtigkeit. Das Internet.
a besteht aus einem großen Haupt-Computer.
b besteht aus mehreren Satelliten im Weltall.
c besteht aus verschiedenen Netzwerken von großen und kleinen Computern.
d ist die Infrastruktur für viele Dienste.

6 Nenne die Komponente des Internets, die Anfragen nach den IP-Adressen zu Domainnamen bearbeitet.

7 Vergleiche die IP-Versionen 4 und 6 miteinander.

8 Beschreibe den Weg einer Nachricht von Deutschland nach Australien.

9 Ermittle mit einer Whois-Anfrage die Adresse der Verantwortlichen für die Webseite openAI (ChatGPT).

10 Nenne Maßnahmen, mit denen sich die Vertrauenswürdigkeit von Webseiten abschätzen lässt.

Datenschutz schützt Menschen

11 Beschreibe, was die DS-GVO ist und wo sie gilt.

12 Nenne den Nutzen von Allgemeinen Geschäftsbedingungen.

13 Nenne drei Umstände, unter denen die Erhebung, Speicherung, Verarbeitung oder Nutzung von personenbezogenen Daten gestattet ist.

14 Nenne Beispiele für Daten, mit denen sich eine Person identifizieren lässt.

15 Beschreibe, wie du deine Spuren im Internet reduzieren kannst.

Datensicherheit sichert Daten

16 Nenne drei Eigenschaften von sicheren Passwörtern.

17 Nenne Beispiele für Identitätsmissbrauch.

18 Beschreibe, was man tun kann, um sich vor Phishing zu schützen.

19 Nenne Maßnahmen, mit denen du deine Datensicherheit erhöhen kannst.

20 Nenne Vorteile und Nachteile zunehmender Automatisierung im Alltag. Beachte dabei besonders die Auswirkungen für alte oder kranke Menschen.

Algorithmisches Problemlösen

Mit Algorithmen lassen sich viele Probleme im Alltag und in der Technik lösen.

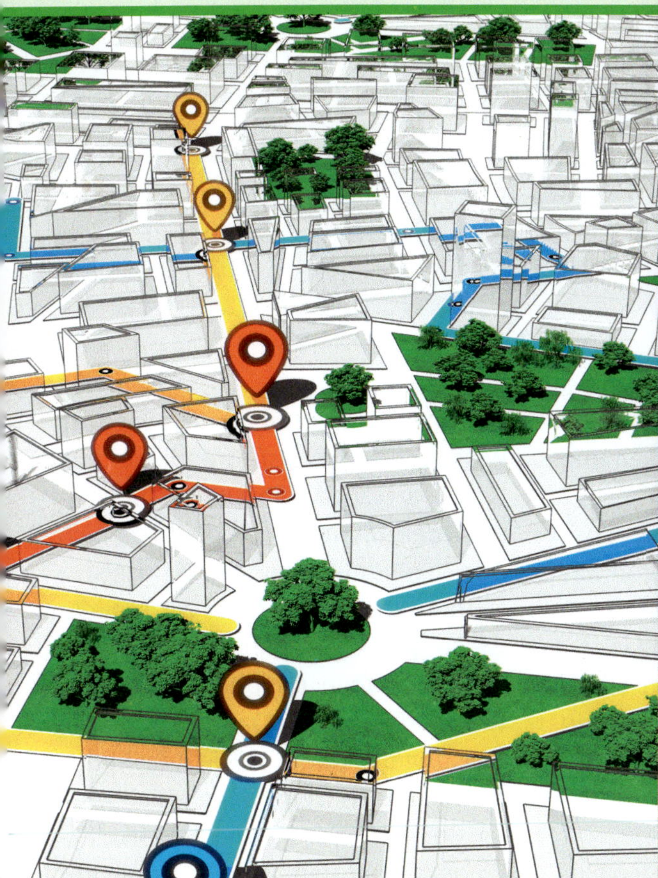

Ein Algorithmus kann den kürzesten Weg von Hannover nach Berlin berechnen.

Technische Erfindungen und Digitalisierung verändern unsere Gesellschaft.

Mit Algorithmen Probleme lösen

1 Schrittweise mit der Anleitung zum fertigen Möbelstück.

Anleitungen helfen beim Aufbauen von Möbeln, beim Kochen oder Backen und bei Trainingsübungen. → 1

Abläufe im Alltag • Im Alltag kann es passieren, dass wir nach einer Anleitung handeln und vielleicht sogar selbst eine Anleitung schreiben. Dabei folgt man in mehreren Einzelschritten einem Ablauf. So erreicht man schrittweise ein Ziel.

Algorithmus • Bei Bauanleitungen für ein Möbelstück wird der Aufbau in knappe und genaue Einzelschritte zerlegt. Diese Anweisungen stehen in einer in einer festgelegten Reihenfolge. Manche Anweisungen müssen mehrfach durchgeführt werden. Anleitungen, die genau beschreiben, was getan werden muss, heißen in der Informatik Algorithmen.

Wortherkunft

Algorithmus: Der Begriff wurde nach dem arab. Mathematiker Al-Chwarizmi benannt und ins Lateinische übersetzt.

Anforderungen • Dabei muss jede Anweisung für die Ausführenden eindeutig zu verstehen sein. Die Person, die nach der Anleitung handelt, soll nicht überlegen müssen, wie ein Einzelschritt richtig ausgeführt wird. Die Anweisungen müssen immer das gleiche Ergebnis haben, unabhängig davon, wer sie durchführt. Dann sind die Anweisungen eindeutig. Die Anzahl der Anweisungen ist immer endlich. Wenn die drei Anforderungen Endlichkeit, Eindeutigkeit und Ausführbarkeit erfüllt sind, spricht man von einem Algorithmus. Algorithmen werden eingesetzt, um Probleme zu lösen. Das können Probleme im Alltag, in der Technik und in der Forschung sein.

Ein Algorithmus sollte möglichst kurz, sehr genau, verständlich und eindeutig aufgeschrieben werden.

der Algorithmus

Rechnen • Algorithmen können Ergebnisse berechnen, Anlagen steuern und Entscheidungen treffen. Mithilfe von Rechungen werden Phänomene simuliert. Hierfür rechnet der Algorithmus mit allen benötigten Eingaben. Algorithmen können beispielsweise mithilfe von Wetterdaten der letzten Jahrzente die Regenwahrscheinlichkeit berechnen. Das ist für den Urlaub praktisch und für die Landwirtschaft eine hilfreiche Unterstützung → 2 Die Mathematikerin Ada Lovelace entwarf 1842 einen Algorithmus zur Berechnung von bestimmten Zahlen. Daher gilt sie als erste Programmiererin.

Steuern • Algorithmen können auch Maschinen und Computer steuern. Sie verarbeiten Informationen von Sensoren und steuern Aktoren. So stellt ein Algorithmus in einem smarten Haus die Temperatur und das Licht ideal ein. Durch Steuerungsalgorithmen werden auch autonome Fahrzeuge und Roboter gesteuert. → 3

Entscheiden • Ein Algorithmus kann auch Entscheidungen treffen. Diese trifft er mithilfe von Informationen und festgelegten Kriterien. So kann mit einem Prüfsummen-Algorithmus entschieden werden, ob ein Barcode wirklich gültig ist. Navigationsprogramme entscheiden sich für den kürzesten Weg von A nach B. → 4

Algorithmen können Probleme mit Rechnungen, Steuerungen und Entscheidungen lösen.

2 Berechnete Wetterdaten nutzen

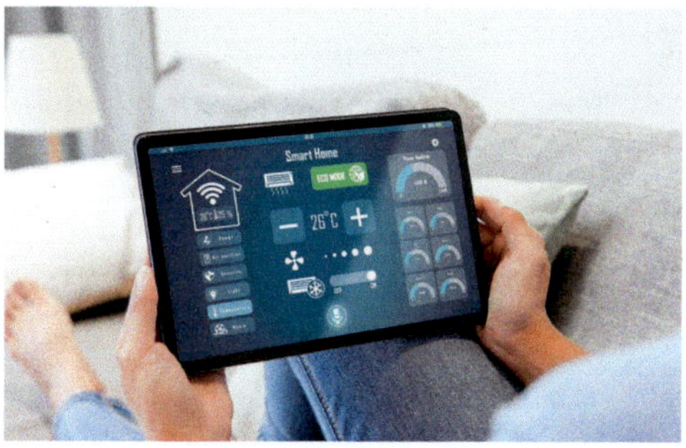

3 Ein smartes Haus steuern

4 Den schnellsten Weg finden

Aufgaben

1 ☑ Beschreibe die Anforderungen an einen Algorithmus.

2 ☒ Erstelle eine Mindmap mit den Anwendungsgebiete von Algorithmen. Füge weitere Beispiele hinzu.

Mit Algorithmen Probleme lösen

Material A

Algorithmus oder nicht?

1 Untersuche, ob die folgenden Ablaufbeschreibungen die Anforderungen an einen Algorithmus erfüllen. Begründe deine Antwort.

Ablaufbeschreibung A
Zeichne ein Haus, in dem es möglichst wenige Ecken und Kanten gibt. Die Zeichnung soll dreidimensional sein. Benutze Papier, Bleistift und Radiergummi.

Ablaufbeschreibung B
Um deinen Fahrradreifen aufzupumpen, verbinde die Pumpe mit dem Ventil. Bewege den Kolbengriff 10 Mal hin und her. Prüfe den Druck des Reifens, indem du ihn mit Daumen und Zeigefinger zusammendrückst. Wenn er sich zusammendrücken lässt, wiederhole den vorherigen Schritt. Wenn nicht, entferne die Pumpe vom Ventil. Du bist fertig!

Ablaufbeschreibung C
Von Mama: Um dein Mittagessen aufzuwärmen, nimm den Teller mit Spaghetti aus dem Kühlschrank und stelle ihn in die Mikrowelle. Dann wähle die Zeit 2:00 Minuten durch Drehen des Wahlknopfes. Starte den Aufwärmvorgang, indem du auf die Taste „< >“ drückst. Nach Ablauf der Zeit nimm den Teller aus der Mikrowelle. Guten Appetit!

Material B

Abläufe im Alltag

1 Beschreibe einen Ablauf aus deinem Alltag wie im Beispiel so genau wie möglich als Algorithmus. → 1

Hinweis:
- **ungenau (Adjektiv):** bunt
  genau: rot, grün, violett
- **ungenau (Verb):** nehmen
  genau: mit den Fingern / der rechten Hand greifen
- **ungenau (Nomen):** die Marmelade
  genau: das Glas mit der Kirsch-Marmelade

Schulranzen packen

1. Hole deinen Stundenplan.
2. Ermittle den Wochentag für morgen (heute +1 Tag).
3. Beginne mit der 1. Stunde (=aktuelle Stunde)
4. Schaue in deinen Schulranzen und suche nach dem Unterrichtsmaterial für das Fach der aktuellen Stunde.
5. Wenn das benötigte Material nicht in deinem Schulranzen ist, hole es aus deinem Zimmer und lege es in deinen Schulranzen.
6. Erhöhe die aktuelle Stunde um 1 (gehe zur nächsten Stunde).
7. Wenn es nicht die Stunde nach der letzten Stunde des Unterrichts ist, fahre fort bei 4.
8. Fertig!

1 Beispiel für einen Alltagsalgorithmus

Material C

Fibonaccis Zahlenfolge

In der Informatik gibt es viele Algorithmen zur Lösung von Problemen. Mit der Fibonacci-Zahlenfolge kann beispielsweise die Vermehrung von Tieren vorhergesagt werden.

A +	B =	C
1	1	2
1	2	3
2	3	5
3	5	...
...	...	...

2 Fibonacci-Zahlen berechnen

3 Die Fibonacci-Zahlenfolge in der Natur

Fibonacci-Zahlen berechnen:

1. Erstelle eine Tabelle mit drei Spalten.
2. Trage in Spalte A und B jeweils eine 1 ein.
3. Berechne in Spalte C die Summe von A und B.
4. Übertrage die Zahlen von B und C in die nächste Zeile, aber diesmal in A und B.
5. Berechne in C die Summe von A und B.

1 Berechne alle Zahlen der Fibonacci-Zahlenfolge bis zur zehnten Zahl. → 2

2 Beschreibe den Aufbau des Schneckenhauses mit der Fibonacci-Folge. → 3

3 Recherchiere und nenne weitere Beispiel für die Fibonacci-Zahlenfolge.

Matrial D

Probleme lösen

Um mit einem Algorithmus ein Problem lösen zu können, benötigst du drei Schritte:

1. Analysiere das Problem.
2. Entwickle einen Algorithmus zur Lösung.
3. Implementiere den Algorithmus.

4 Offene Schultasche

1 Erstelle einen Algorithmus, der ein Problem in deinem Alltag lösen soll.

2 Recherchiere Algorithmen, die Probleme im Alltag lösen. Nenne ihren Namen und beschreibe kurz, welches Problem sie lösen.

Hinweis:

- Wie du ein Problem zerlegen kannst, findest du auf Seite 146.
- Wie du ein Algorithmus entwickelst, kannst du auf Seite 147 nachlesen.

Phänomene simulieren

1 Dreidimensionelle Simulation einer Turbine

Bevor ein Produkt wie eine Turbine gebaut werden, kann diese schon vorher getestet werden. → 1

Simulation • Es kann hilfreich sein eine Situation aus der realen Welt nachzubauen. Dies wird Simulation genannt. Mithilfe von Algorithmen können sie nahezu von alleine ablaufen. Dabei können verschiedene Einflussgrößen wie Umwelteinflüsse ausprobiert werden. Simulationen dienen der Sicherheit, verringern Kosten und können unterhalten. Sie ermöglichen Einblicke, die sonst nicht möglich wären.

Ausbildung • In der Flugausbildung muss fliegen geübt werden. Das geht am sichersten mit einem Flugsimulator. Hier haben Fehler keine Auswirkung auf Menschenleben. Erst danach geht es in ein echtes Flugzeug. Auch in der medizinische Ausbildung werden daher Simulationen eingesetzt.

Analyse • Bevor ein Produkt teuer und aufwendig gebaut wird, kann es in einer Simulation getestet werden. So kann beispielsweise der Weg der Luft durch eine Turbine simuliert werden. Wenn die Ergebnisse passen, kann die Produktion starten.
Es können auch Systeme simuliert werden, die in der Vergangenheit liegen wie beispielsweise die Entstehung des Weltalls. Eine Simulation eignet sich auch für Prozesse, die in der Realtität sehr viel langsamer oder schneller ablaufen.

Unterhaltung • Simulationen dienen auch der Unterhaltung. Wenn man schon immer mal Landwirt spielen wollte, ist eine Simulation eines Bauernhofes die ideale Möglichkeit. Hier werden viele Einflussgrößen wie Regen und Sonnenstunden simuliert.

Eine Simulation bildet die Wirklichkeit nach. Dabei können einzelne Einflussgrößen weggelassen werden.

Aufgaben

1 Erkläre den Begriff Simulation.

2 Beschreibe den Nutzen von Simulationen in verschiedenen Bereichen.

3 Erkläre, welche Einflussgrößen bei einem Bausimulator wichtig wären und welche unwichtig.

die Simulation

Material A

Hüpfender Ball

Mit Berechnungen und entsprechender Darstellung kann alles simuliert werden. Vom Lichtschalter über ein Flugzeugcockpit bis zur Bewegung von Sternen in einer Galaxie.

Ein einfaches Programm soll die Wirkung der Schwerkraft auf einen Ball simulieren. Um die komplizierte Wirklichkeit zu vereinfachen, wird ein Modell erstellt. → 2
- Die Bewegung des Balls wird in 2D dargestellt.
- Der Ball wird gleichmäßig beschleunigt. Effekte wie Reibung werden nicht betrachtet.
- Die aktuelle Geschwindigkeit des Balls wird in einer Variablen gespeichert.

1 Implementiere das Programm in Scratch. → 2 Beschreibe, wie sich die Geschwindigkeit des Balls im Lauf der Zeit verändert.

2 Beschreibe den Effekt der bedingten Anweisung. Untersuche dazu, wie sich der Programmablauf ändert, wenn du die gesamte Verzweigung entfernst.

3 Ändere den Wert der „Beschleunigung“ im Befehl „ändere Geschwindigkeit um -0.1“. Beschreibe die Auswirkung anderer negativer und positiver Werte.

4 Erläutere, wozu die Variable „Geschwindigkeit“ gebraucht wird.

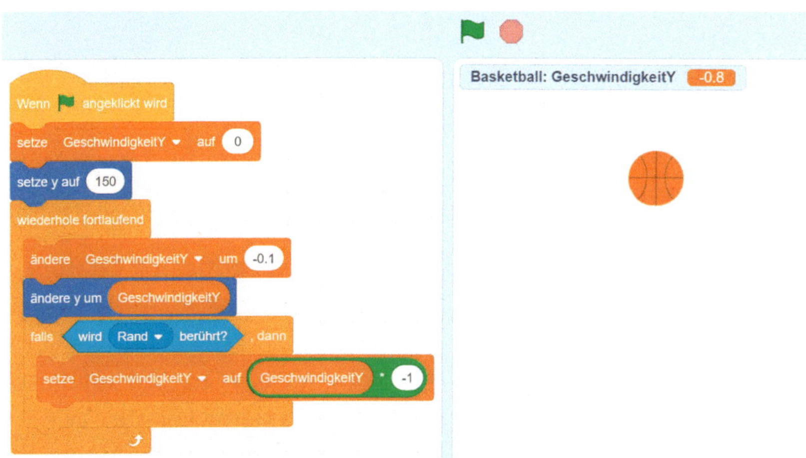

2 Das Simulationsprogramm

Matrial B

Hüpfender Frosch

Lasse nun einen Frosch im hin und her hüpfen.

Wenn der Frosch den linken oder rechten Rand der Bühne berührt, passieren merkwürdige Dinge.

Die Bedingung „Wird Rand berührt“ kannst du nicht mehr verwenden. Denke dir eine neue Bedingung aus, um die Bewegung des Frosches zu korrigieren.

1 Baue die Simulation aus Material A um.

a Ersetze den Ball durch einen Frosch und füge ein neues Bühnenbild hinzu.

b Füge die Variable „GeschwindigkeitX“ hinzu. Nutze sie wie die Variable „GeschwindigkeitY“

c Erstelle Verzweigungen, die den Frosch erwartungsgemäß am linken und rechten Rand der Bühne abhüpfen zu lassen. Du musst die richtigen Bedindungen festlegen und den Wert der Variablen „GeschwindigkeitX“ ändern, damit der Frosch sich wieder vom Rand wegbewegt.

Mit Bots kommunizieren

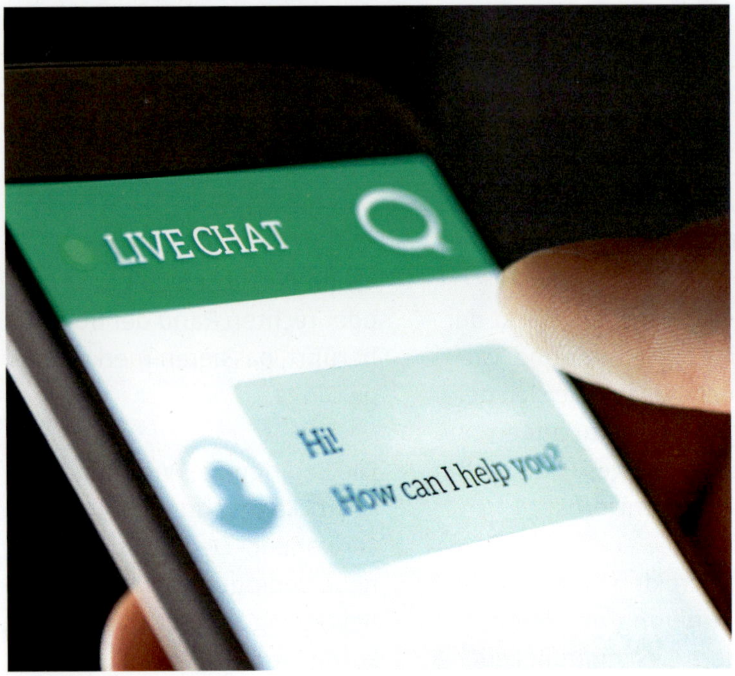

1 Im Onlineshop taucht plötzlich ein Chat auf.

Um bei Problemen auf einer Webseite zu helfen, setzen Unternehmen Chats ein. Doch dahinter steckt kein echter Mensch. → 1

Chatbot • Ein Chatbot ist ein Programm, das auf Texteingaben reagiert. Personen, die den Chatbot nutzen, sollen dabei den Eindruck erhalten, sie würden mit einem echten Menschen kommunizieren. Chatbots können auf Webseiten Interaktionen anbieten. Diese sollen helfen und einfache Fragen beantworten. Das Chatbot-Programm reagiert dabei auf bestimmte Wörter, die im eingegebenen Text vorkommen. Diese werden Schlüsselwörter genannt. Entsprechend der gefundenen Schlüsselwörter gibt der Chatbot eine Antwort aus.

Bot • Computerprogramme, die wiederholende Aufgaben automatisch abarbeiten. Der Begriff ist eine Abkürzung von Roboter.

Sprachassistent • Sprachassistenten funktionieren nach einem ähnlichen Prinzip. Zuerst werden die gesprochenen Worte in einen digitalen Text umgewandelt. Dieser Text kann von einem einfachen Chatbot-Programm verarbeitet werden. Der Sprachassistent kann über verschiedene Geräte genutzt werden. Es gibt von verschiedenen Anbietern spezielle Geräte, die häufig im smarten Zuhause integriert sind. Auch Geräte wie Smartphones und Smartwatches haben diese Funktion.

Chatbos trainieren • Noch schlauere Chatbots werden mit einer Technik erstellt, die maschinelles Lernen genannt wird. Ein solcher Chatbot wird mit Milliarden von Buchseiten an Text trainiert. Er kann Aufsätze, Gedichte und Computerprogramme erzeugen. Er benötigt dafür nur eine Beschreibung, was du erhalten möchtest.

Aufgaben

1 Erkläre die Begriffe Bot, Chatbot und Sprachassitent.

2 Erkläre wie ein Chatbot auf diese Nachricht reagieren könnte: „Wie wird heute das Wetter in Hannover?"

der **Chatbot**
der **Bot**
die **Sprachassistenz**
der **Sprachassistent**

Material A

Schlüsselwörter

Ein Chatbot reagiert auf Schlüsselwörter. Sie müssen im Programm festgelegt werden. Dadurch kann der Chatbot mit vorher formulierten Texten antworten. → 2

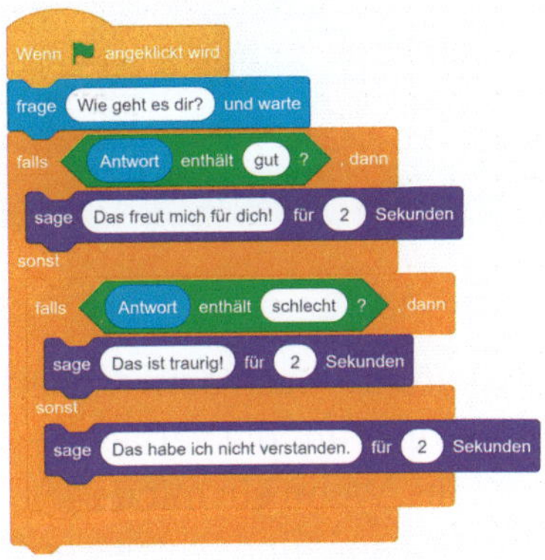

2 Chatbot-Programm

Chatbot: Wie geht es dir heute?

Du: Danke, mir geht es gut.

Chatbot: Das freut mich für dich. Was möchtest du heute tun?

Du: Ich möchte eine Kinokarte kaufen.

Chatbot: Ok, ich leite dich auf die Webseite deines Lieblingskinos weiter.

3 Chatverlauf mit einem Chatbot

1 Erstelle ein Chatbot-Programm. Ermittle die Schlüsselworte, auf die es reagieren kann. → 2 3
   a mit Schlüsselworten
   b ohne Schlüsselworten
   c falsche Schlüsselworten

2 Beschreibe, wie der Chatbot auf verschiedene Sätze reagiert.

3 Beschreibe die Aufgaben und Eigenschaften der Blöcke „frage … und warte“ und „Antwort“.

Material B

Freizeitbot

Ein Chatbot soll bei der Wahl nach einer Freizeitaktivität helfen. Dabei muss er auf mehrere Schlüsselwörter in derselben Antwort reagieren.

1 Erstelle ein Chatbot-Programm mit Aktivitätsvorschlägen.
   a Notiere mögliche Antworten. Erstelle eine Liste mit Schlüsselwörtern.
   b Notiere mögliche Reaktionen des Chatbots.
   c Erstelle ein Chatbot-Programm mit Aktivitätsvorschlägen.

Tipp • Wenn der Chatbot auf Phrasen (Satzteile aus mehreren Wörtern) reagieren soll, gehe so vor:
- Verknüpfe einzelne Wörter der Phrase mit „und“.
- Verknüpfe mehrere Phrasen mit „oder“.

Material C

Schlauer Bot

Ein Chatbot soll sich die Antworten merken. Dafür müssen die Schlüsselwörter in einer Variable gespeichert werden.

1 Erstelle ein Chatbot-Programm.
   a Speichere das zuletzt erkannte Schlüsselwort in einer Variablen.
   b Erstelle Fragen je nach Wert der Variablen.

Virtuelle Welten erschaffen

1 Eine virtuelle Spielwelt

Für Kinofilmen oder Videospiele werden virtuelle Welten erschaffen. Wie aufwändig ist die Erstellung wirklich?

Virtuelle Welt • In Computerspielen bewegen sich Figuren durch eine Spielwelt. Diese Welt wird durch einen Computer simuliert. Sie ist virtuell. Dort wirken bestimmte physikalische Gesetze. Figuren und Gegenstände können miteinander interagieren. Oft sind virtuelle Welten sehr detailiert aufgebaut. Sie können daher wie die Wirklichkeit wirken.

Klon • In virtuellen Welten werden gleiche Objekte mehrmals dargestellt. Bäume oder Wolken sehen oft gleich oder ähnlich aus. → 1 Viele ähnliche Figuren mit einem Programm zu erstellen heißt in Scratch klonen. Der Klon übernimmt das Aussehen, die Variablen und die Skripte des Originals.

Kloneigenschaften • Nach dem Klonen wirken alle Skripte auf die Variablenwerte des Klons. Wenn ein mit den Blöcken „setze x auf" und „setze y auf" die Position verändert, dann bewegt sich der Klon und nicht das Original.

Objekt • In In anderen Programmiersprachen werden andere Begriffe für die Klone verwendet als in Scratch. Klone heißen Objekte. Das Original heißt Klasse. Variablen heißen Attribute. Skripte heißen Methoden.

Avatar • In Videospielen bewegen sich meistens verschiedene Figuren. Eine Figur, die die zentrale Rolle im Spiel spielt, wird Avatar genannt. Sie wird durch Befehle wie beispielsweise Tasteneingabe gesteuert. Andere Spielfiguren, die nicht durch einen Menschen gesteuert werden, sind Nicht-Spieler Charaktere, kurz NPCs.

Abkürzungen

NPC (engl. non player character): Nicht-Spieler Charaktere

der Klon
der Avatar
das Spielelement
die Spielmechanik
die Gamifizierung

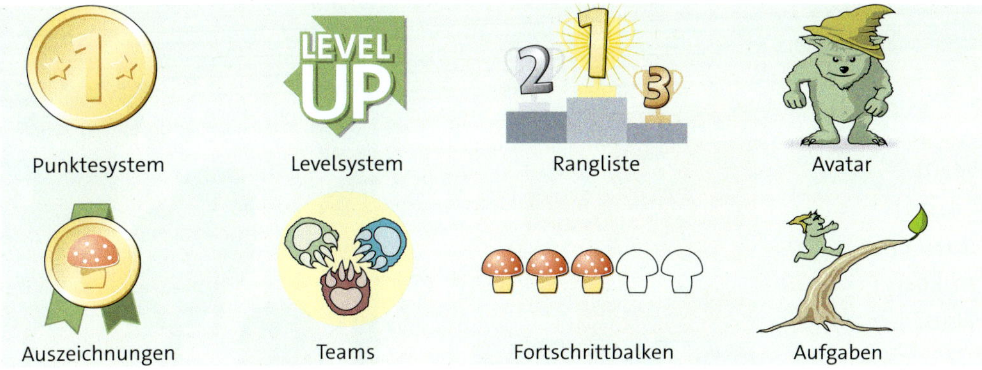

2 Spielelemente

Spielelemente • Computerspiele lösen eine Faszination aus. Sie machen Spaß. Auch bei Niederlagen ist man motiviert weiterzumachen. Ein Computerspiel nutzt Spielelemente, die diese Wirkung auslösen. Spielelemente können beispielsweise ein Avatar, ein Punktesystem mit Leveln und Ranglisten sein. Auch das Freischalten von Auszeichnungen und neuen Spielinhalten wirkt motivierend. → 2

Spielmechanik • Der Ablauf eines Spiels wird mithilfe von Algorithmen durch die Spielmechanik gesteuert. Jedes Spiel hat eine Ausgangssituation. Im Laufe des Spiels führen Spielregeln und Aktionen zu einem Spielergebnis. Für das Spiel wurde die Spielmech. vorher festgelegt. Für bestimmte Aktionen werden Punkte gesammelt. Das kann beispielsweise das Einsammeln von Münzen sein. Ab einer gewissen Punktezahl erhöht sich das Level. Bei einem neuen Level können sich neue Bereiche in der Spielwelt freischalten. Auch der Avatar kann neue Fähigkeiten erhalten.

Gamifizierung • Spielelemente und Spielmechaniken werden mittlerweile auch außerhalb der Spielewelt eingesetzt. So motivieren Unternehmen ihre Kundschaft mit dem Sammeln von Punkten. Kunden sollen dadurch häufiger Produkte kaufen. Dieses Prinzip wird Gamifizierung genannt. Es kann auch für das Lernen genutzt werden. Gamizifierung wird auch im Gesundheitswesen eingesetzt. Punkten, Levels und Auszeichnungen sollen Personen zu mehr Bewegung im Alltag motiviert werden. Wettbewerbe und Herausforderungen funktionieren dabei sehr gut.

Aufgaben

1 Erkläre, wie virtuelle Welten möglichst einfach aufgebaut werden können.

2 Entwerfe eine Spielmechanik, die dabei hilft, sich mehr im Alltag zu bewegen. Nutze dabei verschiedene Spielelemente.

Virtuelle Welten erschaffen

Material A

Bäume klonen

Es soll mit Scratch ein Wald aus einem einzelnen Baum erstellt werden. Erstelle dazu eine Figur mit einem Baumkostüm. Erstelle für diese Figur das abgebildete Skript.

Tipp • Den Block „Wenn ich als Klon entstehe" findest du in der Kategorie „Kontrolle".

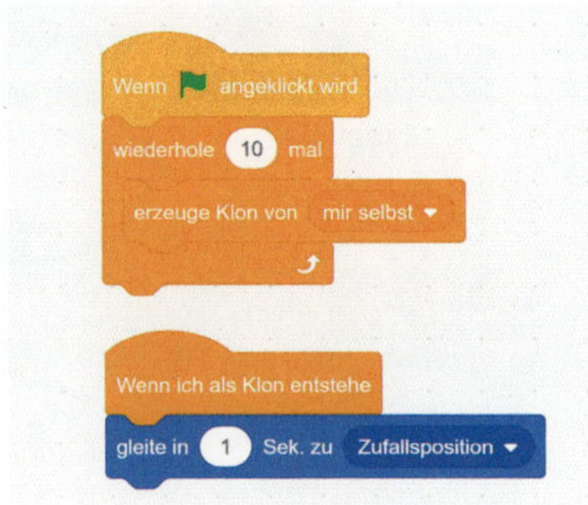

1 Programm fürs Klonen

2 Figur mit Klonen

1 Öffne das Programm aus der Code-Vorlage in Scratch.

a Beschreibe, was im im Bühnenbild passiert, wenn das Programm startet.

b Passe das Programm an. Erweitere dafür den Wald:
- Erhöhe die Anzahl der Bäume im Wald.
- Lasse die Baumklone unterschiedlich groß werden (zufällige Größe).

c Passe das Programm an. Erweitere dafür den Wald:
- Verändere die Farbe der Baumklone (Block „ändere Effektfarbe um").
- Füge der Baumfigur ein neues Kostüm hinzu. Lasse die Klone ihr Kostüm zufällig auswählen.

Material B

Es schneit, es schneit!

Schnee besteht aus vielen kleinen Schneeflocken. Lass es in Scratch schneien.

1 Erstelle ein Programm, bei dem eine Schneeflocke mehrfach geklont wird.

2 Passe die Bewegung der Klone so an, dass sie an unterschiedlichen Stellen langsam schneien.

Material C

Weltraumflug-Simulation

Stelle dir vor, dein Raumschiff fliegt durch das Weltall. Du siehst Sterne und Planeten blitzschnell vorbei fliegen.

1 Erstelle eine Weltraumflug-Simulation in Scratch.

a Erstelle eine Figur mit einem Sternkostüm oder Planetenkostüm.

b Lasse sie mehrfach klonen. Die Klone sollen in der Mitte entstehen und sich in verschiedene, zufällige Richtungen zum Bühnenrand bewegen. Berühren sie den Rand werden sie wieder in die Mitte gesetzt.

2 Ergänze deine Simulation mit den folgenden Anpassungen:

a Die Klone werden größer, je weiter sie von der Mitte entfernt sind. Das verstärkt den räumlichen Eindruck.

b Überlege dir weitere Anpassungen der Simulation.

Material D

Avatar steuern

In einem Spiel soll ein Avatar bewegt werden. Das Spiel läuft nach diesen Regeln ab:

- Ein Avatar (Katze) wird mit den Pfeiltasten gesteuert.
- Zu Beginn des Spiels werden mehrere Gegner (Hunde) und der Avatar auf zufällige Positionen gesetzt.
- Immer wenn sich der Avatar um einen Schritt (10er Schritt) bewegt, bewegen sich die Gegner einen Schritt (5er Schritt) auf ihn zu.

Die Gegner sollen sich genau dann bewegen, nachdem der Avatar bewegt wurde. Dafür muss der Avatar ein Skript der Gegner starten. Dazu kann das Versenden von Nachrichten einsetzt werden.

Nachrichten senden
Der Avatar sendet eine Nachricht an alle anderen Figuren. Diese können mit dem Block „Wenn ich Nachricht ... empfange" darauf reagieren.

1 Erstelle die Steuerung des Avatars. Beim Start des Programms soll der Avatar auf eine zufällige Position gesetzt werden.

2 Erstelle die Gegner. Erstelle erst eine Figur und lasse sie klonen. Die Gegner sollen an zufälligen Positionen erscheinen, wenn sie als Klon entstehen.

3 Erstelle ein Skript, mit dem sich die Gegner automatisch bewegen, wenn der Avatar bewegt wird.

Material E

Fangspiel

Der Avatar aus Material D soll nun ein Ziel (Futternapf) erreichen. Für das Spielende gibt es zwei Zustände:

- Der Avatar berührt das Ziel: Spiel gewonnen.
- Ein Gegner berüht den Avatar: Spiel verloren.

Nach jeder Bewegung des Avatars muss geprüft werden, ob einer der Zustände eingetreten ist. Dafür kann ein neuer Block definiert werden.

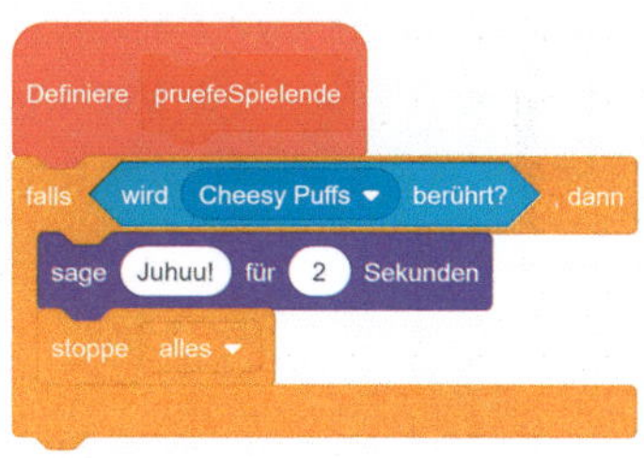

3 Block „prüfe Spielende"

Meine Blöcke
In der Kategorie „meine Blöcke„ kann ein neuer Block erstellt werden. Dieser Block soll „prüfe Spielende" heißen. → 3

1 Erstelle das Fangspiel.
a Erstelle ein Skript, mit dem das Spielende überprüft wird.
b Erstelle für die Steuerung des Avatars. Nutze dafür mehrere Blöcke „Wenn Taste ... gedrückt".
c Passe das Spiel an:
- Ändere die Bewegungsgeschwindigkeit.
- Ändere die Kostüme.
- Ergänze Hinweise für das Gewinnen und Verlieren des Spieles.
- Füge einen Countdown (Zeitzähler) hinzu.

Projekt

Das Simulationsspiel

Ein Raumschiff soll auf dem Mond landen. Damit es nicht bei der Landung zerstört wird, muss es vorher abbremsen. Dafür hat es einen Raketenantrieb, der mit der Leertaste gesteuert werden kann.

1 Gelandetes Raumschiff

1. Planungsphase

Erstellt gemeinsam im Team einen Plan. Beschreibt genau, was euer Simulationsspiel alles können soll. Notiert alle dafür benötigten Blöcke in Scratch. Sucht die benötigten Figuren und Kostüme heraus.

2. Arbeitsphase

Teilt euch die Aufgaben gerecht auf. Erstellt die einzelnen Programmteile. Besprecht zwischendurch wo ihr gerade seid.

3. Reflexionsphase

Präsentiert euer Simulationsspiel einem anderem Team. Überlegt gemeinsam, was noch verbessert werden kann. Fügt noch weitere Funktionen hinzu.

Grundregeln Simulationsspiel

1. Der Raketenantrieb wird durch das Halten der Leertaste eingeschaltet. Dadurch wird das Raumschiff schnell nach oben beschleunigt. Die Beschleunigung nimmt einen positiven Wert an.

2. Der Raketenantrieb wird durch das Loslassen der Leertaste ausgeschaltet. Dadurch sinkt das Raumschiff wieder nach unten. Die Beschleunigung nimmt einen negativen Wert an.

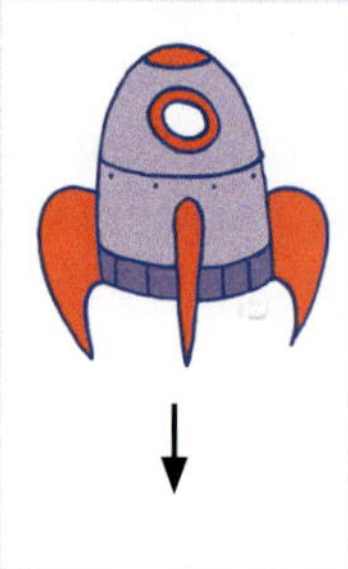

3. Wenn das Raumschiff den Rand der Bühne berührt, soll die Simulation enden.

Spielvariante 1

Das Raumschiff soll die untere Kante der Bühne berühren.
Wenn der Wert der Variablen „GeschwindigkeitY“ größer als -0,5 ist, dann setzt es sanft auf dem Mondboden auf. Das Spiel ist gewonnen!
Lasst das Programm einen Hinweis ausgeben. Das Raumschiff könnte sich bedanken.

Spielvariante 2
Das Raumschiff soll zusätzlich mit den Pfeiltasten nach links und rechts gesteuert werden. Erstellt zusätzlich eine Landeplattform. Dort muss das Raumschiff abgesetzt werden. Wenn der Wert der Variablen „GeschwindigkeitY" größer als -0,5 ist, dann setzt es sanft auf dem Mondboden auf. Das Spiel ist gewonnen!
Lasst das Programm einen Hinweis ausgeben.

Spielvariante 3
Der Raketenantrieb verbraucht Treibstoff, den das Raumschiff nicht unbegrenzt mitführt. Erstellt eine Variable „Treibstoff". Dieser Wert verringert sich jedes Mal, wenn der Raketenantrieb einschaltet wird. Ist der Treibstoff aufgebraucht, ist das Spiel verloren. Lasst das Programm einen Hinweis ausgeben.

Lasst den Spieler das Raumschiff mit den Pfeiltasten auch nach links und rechts steuern. Erstellt eine Landeplattform. Dort muss das Raumschiff abgesetzt werden.
Wenn der Wert der Variablen „GeschwindigkeitY" größer als -0,5 ist, dann setzt es sanft auf dem Mondboden auf. Das Spiel ist gewonnen!
Lasst das Programm einen Hinweis ausgeben.

Aufgaben

1 ◪ Erstellt gemeinsam im Team das Simulationsspiel in der Spielvariante 1.

2 ◪ Erstellt gemeinsam im Team das Simulationsspiel in der Spielvariante 2.

3 ⊠ Erstellt gemeinsam im Team das Simulationsspiel in der Spielvariante 3.

4 Macht einen Gallerywalk in der Klasse: Schaut euch die Spiele der anderen Teams an. Besprecht, welche Spiele am besten ausgestaltet waren oder welche neuen Features euch am besten gefielen.

5 Überlegt gemeinsam, welche Funktionen ihr noch in eure Spiele einbauen könnt.

Routen planen

1 Die richtige Route für den nächsten Ausflug finden.

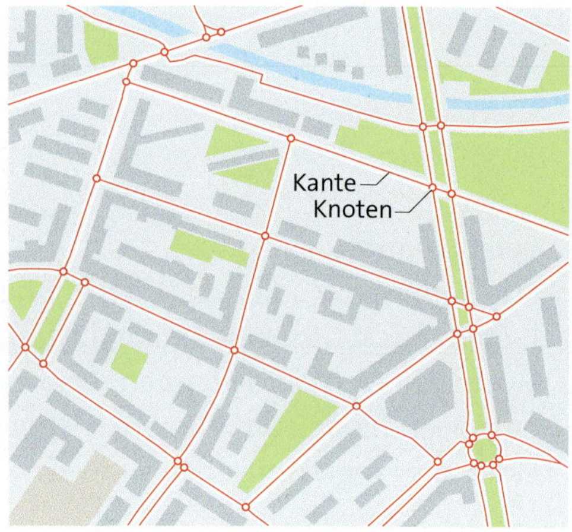

2 Wegenetz mit Knoten und Kanten

Ob beim Wandern, innerhalb der Stadt oder mit dem Zug von Hannover nach Kiel: Wir nutzen Routenplanung → 1

Kurze Wege • Den kürzesten Weg von einem Start zu einem Ziel zu finden, ist nicht so leicht. Der kürzeste Weg kann Zeit, Geld und Energie sparen. Die Berechnung des kürzesten Weges kann ein digitales Navigationssystem übernehmen.

Wegenetz • Navigationssoftware nutzt sogenannte Wegenetze. Um ein Wegenetz im Computer darzustellen wird ein Graph verwendet. So heißt ein Netz aus Knoten und Kanten. Jede Kante verbindet immer zwei Knoten miteinander. → 2 Ist ein Knoten mit einem Knoten über eine Kante verbunden, sind sie Nachbarn. Im Graph kann man von einem Knoten zum nächsten springen, wenn beide Knoten durch eine Kante verbunden sind. Wenn man mehrmals springt, entsteht eine Folge von Knoten. Dies wird Weg genannt.

Navigation • Wird ein Straßennetz digital verarbeitet, dann werden die Straßen als Kanten und die Kreuzungen als Knoten gespeichert. Für jeden Knoten ist seine Lage auf der Weltkarte bekannt. Dies sind GPS-Koordinaten. Ein Navi stellt fest, welcher Knoten des virtuellen Straßennetzes am nächsten bei deiner Position liegt. Von diesem Knoten aus berechnet es den kürzesten Weg zu deinem Ziel.

Dijkstra • Zur Berechnung des kürzesten Weges vom Start zum Ziel verwendet man heute meistens den Algorithmus von Edsger Dijkstra. Der Algorithmus findet in einem Graphen immer den kürzesten Weg zwischen zwei beliebigen Knoten, wenn die Längen aller Kanten gegeben sind. → 2

Aufgaben

1 Erkläre, wie die Begriffe Knoten, Kante und Graph zusammenhängen.

das Wegenetz
der Knoten
die Kante
die Navigation
der Dijkstra-Algorithmus

Material A

Der Schulweg

Beschaffe dir eine Karte der Umgebung deiner Schule. Verwende dafür einen Kartenausschnitt einer digitalen Karte oder kopiere eine Papierkarte. Den Kartenausschnitt kannst du in ein Bildbearbeitungsprogramm einfügen.

3 Der Weg zur Schule

Papierkarte
Lege ein weißes Blatt Papier auf die Karte. Zeichne mit Lineal und Bleistift die wichtigsten Straßen und Kreuzungen nach.

Digitale Karte
Erstelle eine neue Ebene. Zeichne die wichtigsten Straßen und Kreuzungen mit einfachen Linien nach. Entferne das Original, wenn du fertig bist.

1 Finde und vergleiche alltägliche Darstellungen von Graphen eines Weges.

2 Erstelle ein Wegenetz.
b Nutze dafür eine Papierkarte.
b Nutze dafür ein Bildbearbeitungsprogramm.

3 Miss die Längen der Straßen auf dem Kartenausschnitt und tragen sie in deinem Graphen ein.

4 Berechne den kürzesten Weg von einem Punkt auf der Karte zu deiner Schule.

Material B

Kurze Wege finden

Der Dijkstra-Algorithmus kann den kürzesten Weg vom Startpunkt A zum Zielpunkt F berechnen.

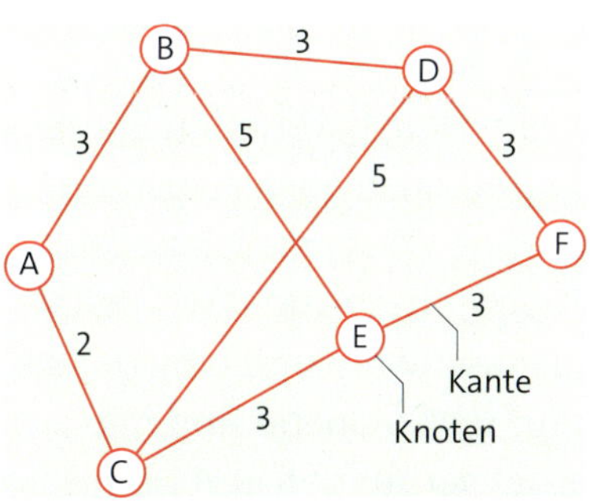

4 Graph

- Berechne die Entfernungen zu allen noch nicht bearbeiteten Nachbarknoten des aktuellen Knotens. Zähle dafür die aktuelle Entfernung und die Länge der Kante zum Nachbarn zusammen.
- Wähle den Knoten mit der geringsten Entfernung.
- Markiere ihn als bearbeitet.
- Setze ihn als aktuellen Knoten ein.
- Wiederhole, bis der aktuelle Knoten der Zielknoten ist oder alle Knoten bearbeitet wurden.

5 Der Dijkstra-Algorithmus

1 Beschreibe den Dijkstra-Algorithmus in deinen eigenen Worten. → 4 5

2 Bestimme den kürzesten Weg von A nach F mit dem Dijkstra-Algorithmus. → 4

Robotik

1 Ernteroboter in der Landwirtschaft

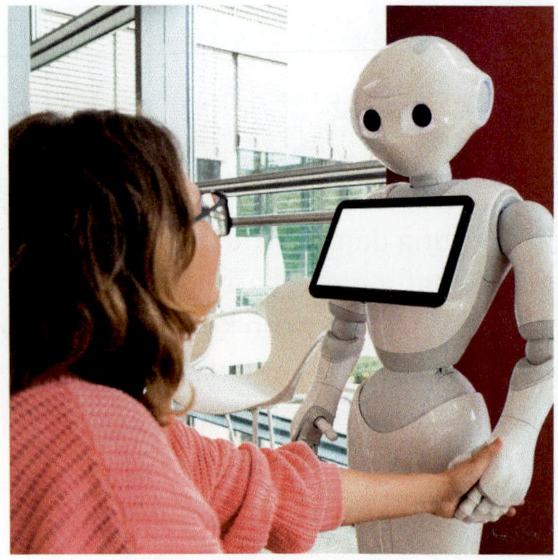

2 Humanoider Roboter

Roboter kommen heute in vielen Bereiche zum Einsatz. Sie können unterschiedlich aussehen und verschiedene Aufgaben übernehmen. → 1 2

Roboter • Ein Roboter ist eine Maschine, die Menschen Arbeit abnimmt. Es gibt Roboter, die im Haushalt helfen, die in Fabriken arbeiten und vieles mehr. Jeder Roboter ist ein Informatiksystem. Er arbeitet nach dem EVA-Prinzip. Eingaben erhält er über Sensoren. Die Verarbeitung erfolgt in einem Computer durch ein Steuerprogramm. Mit den Ausgaben des Programms werden Aktoren gesteuert. Roboter, die sich ohne menschliches Eingreifen an neue Situationen anpassen können, sind autonome Roboter. Halbautonome Roboter werden meist aus der Ferne gesteuert.

Roboter sind Computersysteme, die Aufgaben ohne menschliche Hilfe erledigen.

Wortherkunft

Roboter: „robota„ tschech. Frontarbeit

Entwicklung • In der Antike wurden Vorläufer der heutigen Roboter entwickelt. Heron von Alexandria beschrieb in seinem Buch Automata verschiedene Maschinen. 1495 entwickelte Leonardo Da Vinci seinen mechanischen Ritter. Erst 1920 wurde der Begriff Roboter durch den Schriftsteller Karel Čapek definiert. Nach dem zweiten Weltkrieg gewann die Robotik an Bedeutung. Die technischen Grundsteine bildeten Erfindungen wie der Transistor 1947, integrierte Schaltkreise und immer leistungsstärkere Computer. Seitdem wurden Roboter für verschiedene Bereiche entwickelt. → 3

Haushalt • Im Haushalt helfen Staubsaugerroboter. Doch auch Haushaltsgeräte wie eine Waschmaschine können als Roboter bezeichnet werden. Sie erledigen schwere und langweilige Arbeiten für uns. Manche sind mit dem Internet verbunden, um Daten über ihre Funktionen zu liefern.

der Roboter
(halb-)autonom
der Humanoid

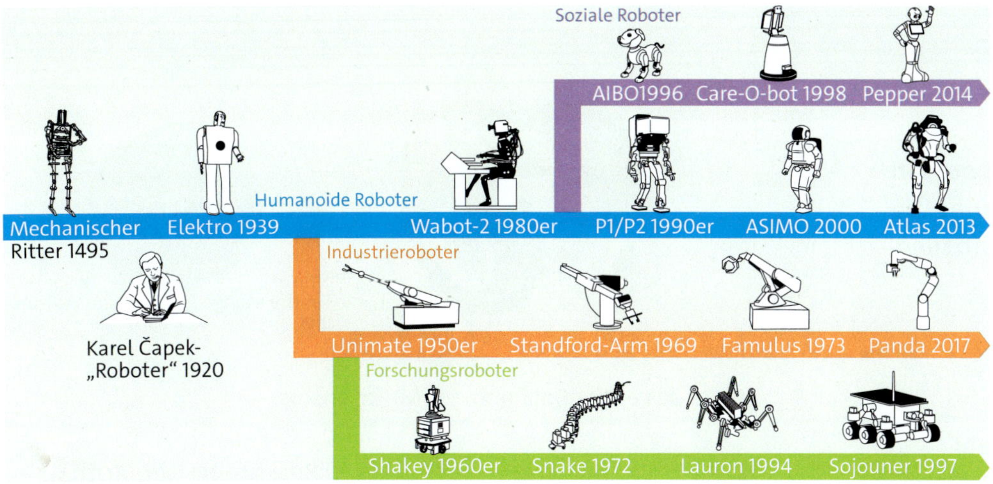

3 Entwicklungsgeschichte der Robotik

Medizin • Medizinische Roboter helfen Menschen wieder gesund zu werden. Sie können präziser operieren als Chirurgen oder erkennen Tumore. Rettungsroboter spüren verschüttete oder verletzte Menschen auf.

Landwirtschaft • Große landwirtschaftliche Maschinen wie Mähdrescher oder Traktoren fahren häufig autonom. Sie vermeiden mehrfaches Überfahren von Ackerflächen und sparen so Treibstoff. Drohnen überwachen die Landschaft aus der Luft und können Tiere in Kornfeldern aufspüren oder Waldbrände erkennen. Ernteroboter ernten Obst und Gemüse. → 1

Service • Ein menschenähnlicher Roboter wird Humanoid genannt. Sie können oft gehen und mit Menschen kommunizieren. → 2 Sie werden als Spielzeug, für den Service oder als Unterstützung im Alltag eingesetzt. Der erste Humaniod war Elektro. → 3

Industrie und Forschung • Die Produktion hochwertiger Produkte erfordert den Einsatz sehr genau und schnell arbeitender Roboter in den Fabriken. Sie können winzige Bauteile eng aneinander setzen oder halbfertige Lastwagen von einer Arbeitsstation zur nächsten befördern. Sie bewegen sich mithilfe mehrerer Achsen, die über Hydraulik bewegt werden. Mobile Roboter wie der Sojoner dienen der Erkundung. Er war 1997 der erste Roboter auf dem Mars. → 3

Aufgaben

1 Erkläre den Begriff Roboter.

2 Beschreibe verschiedene Bereiche, in denen Roboter zum Einsatz kommen.

3 Beschreibe die Entwicklung der Robotik. → 3

Robotik

Material A

Lernroboter

Einen einfachen autonom fahrenden Lernroboter kannst du aus wenigen Teilen aufbauen. → 1

Verarbeitung
- Mikrocontroller zur Verarbeitung der Daten
- Programm zur Steuerung des Ablaufs.

Aktoren
zwei voneinander unabhängige, jeweils durch einen Motor angetriebene Räder

1 Aufbau des eXperiBots und des Multisensors

Sensoren
- Abstandssensor: Messung durch Infrarotlicht (IR) → 1
- Helligkeitssensor: Erkennung von Begrenzungen wie schwarz-weiß-Übergängen

1 Beschreibe den Aufbau des Lernroboters. → 1

2 Erkläre das EVA-Prinzip am Lernrobotors. → 1

3 Beschreibe den Aufbau des Multisensors. → 1 Erkläre, wieso zwei Sensoren benötigt werden.

Material B

Einer Linie folgen

Mithilfe des Multisensors kann der eXperiBot einer schwarzen Linie folgen. → 2

2 eXperiBot folgt einer Linie

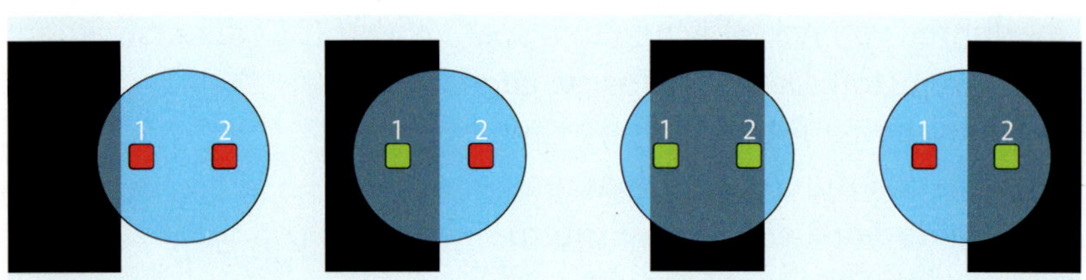

3 Diese vier Fälle können beim Multisensor mit der Linie auftreten.

Die Infrarot-Sensoren können zwischen hell und dunkel unterscheiden. So wird der Unterschied zwischen einer dunklen Linie und einem hellen Hintergrund erkannt. → 3

1 Erstelle ein Programm, mit dem der Roboter einer schwarzen Linie folgt.
a gerade Linie
b runder Kreis
c Labyrinth

Projekt

Smarte Begleiter

Mit Lernrobotern wie den eXperiBot könnt ihr verschiedene kleine Projekte durchgeführen.

Mithilfe von Sensoren und Aktoren könnt ihr einen eigenen smarten Begleiter erschaffen.

Projektideen: Virtuelles Haustier
Baue und gestalte ein Roboter-Haustier. Bringe ihm viele Tricks bei, indem du sein Programm erweiterst und verbesserst.
Hier sind einige Ideen:

- **Dein Robo-Tier wird Tanz-Star.** Programmiere eine Bewegungsfolge, die zu deinem Lieblingssong passt. Erstelle einen Video-Clip.
- **Dein Haustier folgt deiner Hand.** Nutze den nach vorn gerichteten Abstandssensor. Wenn der Sensor einen geringen Abstand erkennt, soll der Roboter geradeaus fahren. Ansonsten dreht er sich auf der Stelle. So kann er deiner Hand folgen, solange du sie in die Nähe des Abstandssensors hältst.
- **Dein Haustier ist scheu.** Es versteckt sich im Dunklen. Nutze einen nach oben gerichteten Helligkeitssensor. Dein Haustier fährt so lange herum, bis es einen Ort findet, an dem der Helligkeitswert kleiner als ein vorgegebener Wert ist. Dort wartet es, bis der Helligkeitswert wieder größer als der vorgegebene Wert ist. Es flieht vor der Helligkeit. Du kannst die Programmierung auch umkehren, so dass dein Haustier lieber in der Sonne liegt.

Projektidee: Roboter-Ringen
Die Regeln sind einfach: Der Roboter darf den Ring nicht verlassen.
Nutze zur Erkennung des Rings einen nach unten gerichteten Helligkeitssensor. Sobald der Sensor „dunkel" erkennt, muss der Roboter ein Stück rückwärts fahren und sich drehen, bevor er wieder vorwärts fährt.
Wenn der Roboter den Gegner erkennt, muss er ihn aus dem Ring schieben. Nutze zur Erkennung des Gegners einen nach vorn gerichteten Abstandssensor. Wenn der Sensor einen geringen Abstand erkennt, dann fahre mit voller Leistung darauf zu. Steht ein Roboter mit beiden Rädern außerhalb des Rings, hat er verloren.

Aufgaben

1 ◩ Erstellt gemeinsam im Team eine Planung für euren smarten Begleiter.

2 ⊠ Erstellt im Team arbeitsteilig einen smarten Begleiter. Tauscht euch zwischendurch über euren aktuellen Stand aus.

3 ⊠ Stellt euren smarten Begleiter in einem Gallarywalk vor. Zeigt dabei alle Funktionen, die ihr umgesetzt habt.

Informatik und Gesellschaft

1 Heute sind wir im Gegensatz zu früher jederzeit und überall mit dem Smartphone erreichbar.

Unsere digitalisierte Welt verdanken wir vielen großen Erfindungen in der Informatik.

Digitalisierung • Die Digitalisierung ist aus unserem Alltag nicht mehr wegzudenken. Sie beschreibt alle Möglichkeiten, die mit digitalen Medien und Technik möglich sind. So können wir beispielsweise jederzeit und von überall aus eine Nachricht innerhalb von Sekunden an Freunde senden. → 1

Technischer Fortschritt • Die Digitalisierung wären ohne technische Erfindungen nicht möglich gewesen. In der Geschichte der Informatik wurden zahlreiche Maschinen, elektrische Geräte und später auch Software entwickelt. Diese Erfindungen hatten einen großen Einfluss auf den Alltag und die Gesellschaft. Sie haben die Welt verändert. Daher wird auch oft von technischer Revolution gesprochen. → 2

Der Abakus • Schon eine Erfindung um 2700 vor Christus sorgte für Veränderungen. Der Abakus wurde damals als Rechenhilfe benutzt. Er funktioniert besser als des Rechnen mit Steinchen.

Die Pascaline • Blaise Pascal entwickelt um 1642 eine mechanische Rechenmaschine. Sie wird Pascaline genannt und kann addieren.

Die Analytical Engine • Ada Lovelace und Charles Babbage arbeiten 1840 an der Analytical Engine. Es ist ein ein Entwurf für eine Maschine, die beliebige mathematische Probleme lösen soll. Die Maschine wird nie gebaut.

Die Turing-Maschine • Alan Turing veröffentlichte 1936 sein Konzept für eine universelle Rechenmaschine. Sie wird Turing-Maschine genannt. Das Konzept wird zur Grundlage aller modernen Computer.

Abkürzungen

PC (engl. personal computer): persönlicher Computer

EDSAC: engl. Electronic Delay Storage Automatic Calculator

die Digitalisierung
der Abakus
die Pascaline
die Analytical Engine
die Turing-Maschine

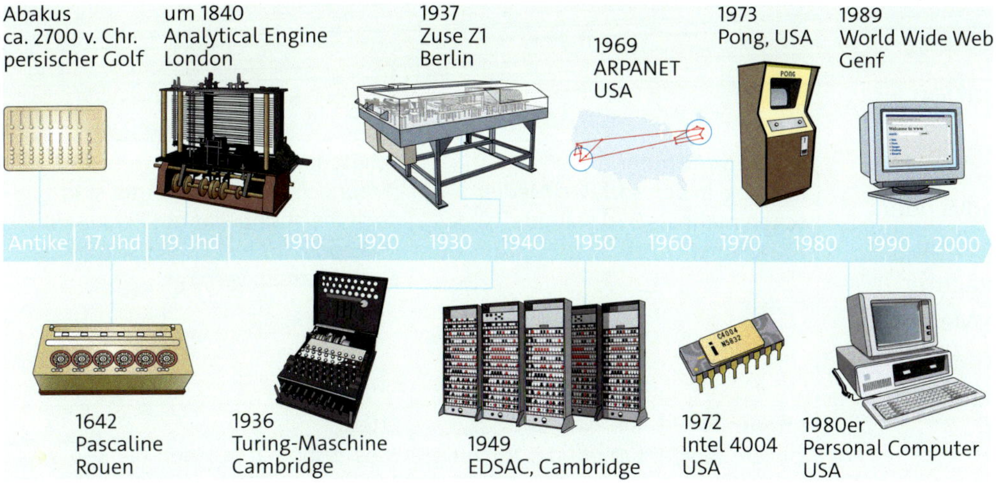

2 Meilensteine des technischen Fortschritts

Zuse Z1 • Mit der Z1 baut Konrad Zuse 1937 den ersten programmierbaren und binär arbeitenden Computer.

EDSAC • Der Electronic Delay Storage Automatic Calculator war 1949 einer der ersten vollelektronischen Computer. Zusammen mit der weiterentwickelten Z3 wurde der Grundstein für folgende Computersysteme gelegt.

ARPANET • Die ersten Großrechner wurden durch ein Netzwerk miteinander verbunden. Das sogenannte ARPANET wurde 1969 entwickelt. Es gilt als der Vorgänger des Internets.

Intel 4004 • Der Intel 4004 war 1972 der erste Mikroprozessor in einem Chip. Seitdem wurden die Mikroprozessoren weiterentwickelt. Sie werden immer kleiner, aber bieten mehr Rechenleistung an. Heute haben Smartphones mehr Leistung als der Bordcomputer für die erste Mondlandung.

Pong • Die Firma Atari bringt 1973 eines der ersten erfolgreichen Computerspiele auf den Markt: Pong .

Personal Computer • In den 1970er Jahren entwickelten mehrere Firmen fast zeitgleich die ersten Personal Computer. Damit konnten auch Privathaushalte Computertechnik nutzen.

WWW • Das World Wide Web wurde 1989 von Tim Berners-Lee entwickelt. Seine Idee prägt bis heute das Internet.

Aufgaben

1 ☑ Erkläre den Begriff Digitalisierung. Nenne Beispiele.

2 ☒ Beschriebe die technische Entwicklung. → 2

3 ☒ Erkläre die Bedeutung der einzelnen Erfiindungen für heute.

Informatik und Gesellschaft

Material A

Digitale Kommunikation – Pro und Kontra

Jede Nutzung des Handys oder des Computers kann positiv, aber auch negativ betrachtet werden. → 1 Soziale Medien, unterschiedliche Internetdienste und Apps bringen Vor- und Nachteile mit sich.

1

Pro	Kontra
Schülerin/Schüler Ich habe in den sozialen Medien schon mehr als 320 Freunde. Ist das nicht super?	**Schülerin/Schüler** „Freunde“ aus dem Internet sind doch meist unbekannte Personen. Man weiß oft nicht, wer sich hinter einem Namen verbirgt.
Eltern Unsere Tochter hat mit der Nutzung einer Vokabel-App ihre Note in Englisch verbessert. Auch hat sie ein tolles Referat mithilfe des Internet vorbereitet.	**Eltern** Mein Sohn hängt jeden Tag 3–4 Stunden an seinem Handy und spielt. Dabei vernachlässigt er die Schule.
Lehrausbilderin/Lehrausbilder Die frühe Nutzung der digitalen Medien hilft, einen modernen Beruf zu erlernen. Die Nutzung von Internet und Computer gehört heute zum Alltag und hat natürlich auch Einzug ins Berufsleben gefunden.	**Psychologin/Psychologe** Jugendliche mit einem hohen Konsum an digitalen Medien entwickeln häufig Verhaltensauffälligkeiten: Innere Unruhe, wenige Sozialkontakte und Unkonzentriertheit können Vorboten von psychischen Problemen sein.
Schülerin/Schüler Ich schaue jeden Tag 2–3 Stunden Serien im Internet, danach chatte ich mit meinen Freunden darüber.	**Schülerin/Schüler** Ich gehe einmal pro Woche mit Freunden ins Kino. Einen Film auf der riesigen Leinwand zu sehen, ist ein ganz besonderes Erlebnis.
Lehrerin/Lehrer Die Nutzung von Smartphone und Tablet ermöglicht Homeschooling. Dadurch werden Schule und Lernen flexibler und anpassungsfähiger.	**Elternteil** Wenn ich längere Zeit Homeoffice mache, fehlt mir der Austausch mit meinen Kolleginnen und Kollegen. Auch bin ich dann ständig von Alltagsdingen und den Kindern abgelenkt.

2 Rollenkarten für die Pro-und-Kontra-Debatte

1 Seht euch die Argumente für und gegen die Kommunikation mit Handy und Computer an. → 2 Sammelt zu den vorhandenen Argumenten weitere Standpunkte. Legt jeweils eine Rollenkarte an.

2 Führt eine Pro-und-Kontra-Debatte mit verteilten Rollen. Eine Anleitung findet ihr auf Seite 146.

Material B

Textgeneratoren – Pro und Kontra

Programme, die einen Text zu einer umgangssprachlichen Aufgabenstellung schreiben können, nennt man Textgeneratoren. Sie können Fragen beantworten, Aufsätze und Gedichte schreiben. Sogar ganze Bücher wurden mit Hilfe von Textgeneratoren verfasst.
Fragt euch für eine Diskussion folgende Fragen:

- Welche Aufgaben können mit einem Textgenerator bearbeitet werden und welche nicht?
- Wie kann eine Lehrkraft erkennen, ob ein Textgenerator verwendet wurde?
- Wie vertrauenswürdig sind die Aussagen, die in einem automatisch erstellten Text stecken?
- Woher stammt das Wissen, das in den automatisch erstellten Texten steckt?

Ausssage zur Diskussion
In der Schule dürfen Textgeneratoren zum Schreiben der Hausaufgaben verwendet werden.

3 Ein Hausaufgaben-Roboter?

1 Sammelt gemeinsam verschiedene Argumente und Standpunkte.

2 Legt Rollenkarten an.

3 Führt eine Pro-und-Contra-Debatte mit verteilten Rollen.

Material C

Technik in 5 Jahren?

- Wie werden sich Tablets und Smartphones in den nächsten 5 Jahren verändern?
- Welche neuen Funktionen wünscht ihr euch?
- Welche Funktionen würdet ihr verbessern?
- Welche neuen Apps könnt ihr euch vorstellen?

1 Beschreibt eure Vorstellung von Tablets und Smartphones in den nächsten 5 Jahren. Erstellt ein Poster.

Material D

Unsere Stadt 2077

Stellt euch mal eure Stadt in der Zukunft vor:

- Wie sieht eure Stadt im Jahr 2077 aus?
- Welche öffentlichen Verkehrsmittel gibt es? Wie sehen sie aus?
- Wie wird Energie gewonnen?
- Wie wird Müll entsorgt oder vermieden?
- Was passiert mit dem Abwasser?
- Wie wird die Luft sauber gehalten?

4 Eine Stadt in der Zukunft?

1 Beschreibt eure Vorstellung von eurer Stadt im Jahre 2077.

2 Stellt eure Vorstellung vor. Erstellt dafür ein Poster, ein Modell oder eine Skizze.

Erweitern und Vertiefen

Wie alles begann...

Informatikerinnen • Viele Erfindungen haben die Informatik und unsere Gesellschaft verändert. Besonders die Entwicklung von Software hat großen Einfluss auf die technische Entwicklung. Für drei wichtige Erfindungen in diesem Bereich waren drei Frauen verantwortlich.

Ada Lovelance – Die erste Programmiererin
Die Anfänge der Programmierung gehen bis ins 19. Jahrhundert zurück. Damals entwickelte Charles Babbage eine Maschine zum Zählen und Lösen einfacher mathematischer Probleme.
Die Maschine sollte mithilfe von Zahnrädern und Dampf laufen. Sie wird Analytical Engine genannt. Es konnten aber nur einzelene Teile davon gebaut werden.
Die Mathematikerin Ada Lovelance beschäftigte sich mit der Analytical Engine. → 1 Sie entwickelte 1843 einen Algorithmus für diese Maschine. Sie gilt damit als die erste Programmiererin der Welt.

1 Lovelance

Grace Hopper – Die Großmutter der Programmiersprache
Früher mussten Programmierer Programme in Maschinensprache schreiben. Dafür durften sie nur Nullen und Einsen verwenden. Das war sehr schwer und mühselig. Grace Hopper war in den 1940er Jahren eine US-amerikanische Informatikerin. → 2
Sie wollte es ermöglichen, dass Programme in einer einfacheren Sprache geschrieben werden können. Im Jahre 1952 entwickelte sie daher einen Compiler. Ein Compiler wandelt Anweisungen aus einer Programmiersprache in Maschinencode um. Das erleichterte die Programmierung sehr stark. Sie war zusammen mit einem Wissenschaftlerteam an der Entwicklung der ersten einfachen Programmiersprache COBOL beteiligt. Der Begriff Bug stammt auch von ihrem Team. Heute wird damit ein Fehler in der Software gemeint. Damals verursachte eine Motte im Schaltkreis eines Computers immer wieder Rechenfehler.

2 Hopper

Margaret Hamilton – Die Frau hinter der Mondlandung

Wenn man an die erste Mondlandung von 1969 denkt, hat man oft die drei Astronauten im Kopf. Aber ohne eine Frau wäre die Mondlandung nicht erfolgreich gewesen. Denn sie konnte mit ihrer Entwicklung einen Abbruch verhindern.

Wenige Minuten bevor es zur Landung kam, wurden Warnungen in den Systemen ausgelöst. Der Computer war überlastet. Die Flugsoftware war aber in der Lage weniger wichtige Aufgaben abzuschalten. So konnte sich der Computer auf die schwierige Landung fokussieren. Den Programmiercode dazu schrieb Margaret Hamilton. Alle Zeilen hat sie damals mit der Hand auf Papier geschrieben. → 3

3 Hamilton und ihr Code

Aufgaben

1 Beschreibe Erfindungen der drei Frauen.

2 Stelle eine der drei Frauen genauer vor.

a Wähle eine der drei Frauen aus und recherchiere weitere Informationen über sie.

b Beschreibe ihren Lebenslauf.

c Beschreibe ihre Arbeit und nenne weitere Ideen und Erfindungen.

d Nenne Sätze, den sie damals gesagt hat. Wähle ein Zitat aus, dass du besonders inspirierend findest.

e Stelle deine Ergebnisse vor. Erstelle dafür ein Poster, eine Präsentation oder halte einen Vortrag.

3 Erkläre die Bedeutung der Erfindungen der drei Frauen für den weiteren technischen Fortschritt. Beschreibe dafür die Welt ohne diese Erfindungen.

4 Recherchiere Informationen über weitere Personen, die mit ihren Erfindungen Einfluss auf die Gesellschaft hatten. Beschreibe ihre Erfindungen und welchen Einfluss sie auf den technischen Fortschritt hatten.

Tipp • Eine Auswahl wichtiger Erfinder in der Informatik: Konrad Zuse, Tim Berners-Lee, Alan Turing, Blaise Pascal, Steve Jobs, Bill Gates, Ed Roberts, Chuck Peddle, Steve Wozniak, Mark Zuckerberg.

Algorithmisches Problemlösen

Zusammenfassung

Mit Algorithmen Probleme lösen • Ein Algorithmuss ist eine Abfolge einzelner Anweisungen. Er muss die drei Eigenschaften haben: Endlichkeit, Eindeutigkeit und Ausführbarkeit. Das bedeutet, dass ein Algorithmus eine feste Anzahl an Anweisungen haben muss. Diese müssen so genau und eindeutig wie möglich sein. Jede Anweisung muss für den Computer ausführbar sein. Algorithmen können Probleme lösen, indem sie mathematische Probleme rechnerisch lösen. Sie können auch Prozesse, Sensoren und Aktoren steuern und Entscheidungen treffen.

Phänomene simulieren • Eine Simulation bildet die Wirklichkeit nach. Oft werden dabei einzelne Einflussfaktoren weggelassen.

Problem:
- Ein Produkt testen bevor es gebaut wird.
- Gefährliche Situation in der Ausbildung ohne Auswirkungen üben.

Lösung:
Algorithmen, die Phänomene und Prozess simulieren (Simulationen)

Mit Bots kommunizieren • Ein Chatbot ist ein Programm, das auf Texteingaben reagiert.

Problem:
- Auf einfache Kundenanfragen schnell und jederzeit Antworten anbieten. Das spart Kosten und verbessert den Service.
- Durch Sprachsteuerung einem Computer Befehle geben.

Lösung:
Algorithmen, die auf Schlüsselwörter reagieren und automatisierte Antworten geben (Chatbots, Sprachassistenten).

Virtuelle Welten erschaffen • Vom Computer simulierte Räume heißen virtuelle Welten. Dort wirken bestimmte physikalische Gesetze. Dort können Figuren und Gegenstände miteinander interagieren.
In virtuellen Spielwelten kann ein Avatar als Spielfigur bewegt werden. Er wird meist durch Tastaturbefehle gesteuert. Spiele beinhalten oft viele verschiedene Spielelemente. Besonders häufig gibt es ein Punktesystem mit mehreren Levels. Ranglisten, Fortschrittsbalken und Auszeichnungen sollen die Motivation das Spiel zu spielen zusätzlich steigern. Auch das Spielen im Team und zusätzliche Aufgaben machen ein Spiel interessanter. Spielelemente werden auch außerhalb von Spielen eingesetzt. Das wird Gamifizierung genannt.

Problem:
- Die Erschaffung von virtuellen Welten ist aufwendig und ist kostenspielig.
- Spiele sollen interessant und eindrucksvoll gestaltet sein.

Lösung:
Algorithmen, die Objekte in virtuellen Welten klonen und ihre Eigenschaften anpassen. Algorithmen, die Spielelemente steuern.

Routen planen • Immer den kürzesten Weg zu finden ist nicht leicht. Dabei helfen Navigationsprogramme. Diese arbeiten oft mit dem Dijkstra-Algorithmus. Er berechnet den kürzesten Weg einer Strecke. Dazu nutzt er ein Wegenetz, in dem einzelne Knoten über Kanten miteinander verknüpft sind.

Problem:

- Den kürzesten Weg von A nach B finden.
- Den kostengünstigsten Weg finden.

Lösung:
Algorithmen, die den kürzesten und kostengünstigsten Weg berechnen.

Robotik • Roboter sind Computersysteme, die Aufgaben ohne menschliche Hilfe erledigen. Es gibt verschiedene Formen und Anwendungsbereiche. Im Laufe der Geschichte wurden automatische, halbautomatische und humanoide Roboter entwickelt.

Problem:
- Schwere und mühsame Aufgaben in der Landwirtschaft erledigen.
- Sehr genaue Verfahren in der Medizin und Forschung anwenden.
- Sich immer wiederholende Aufgaben in der Industrie ausführen.

Lösung:
Algorithmen, die Sensoren und Aktoren von Robotern steuern (Robotik).

Informatik und Gesellschaft • Erfindungen aus der Informatik haben immer wieder einen großen Einfluss auf den Alltag und die Gesellschaft.

ca. 2700 v. Chr. **Abakus**
Eine Rechenhilfe

1642 **Pascaline**
Die erste mechanische Regenmaschine

1861 **Analytical Engine**
Mit ihr wurde der erste Algorithmus entwickelt

1936 **Turing-Maschine**
Die erste universelle Rechenmaschine

1937 **Zuse Z1**
Der erste programmierbare Computer

1949 **EDSAC**
Der erste vollelektronische Computer

1969 **Arpanet**
Der Vorgänger des Internets

1972 **Intel 4004**
Der erste Mikroprozessor in einem Chip

1973 **Pong**
Das erste erfolgreiche Computerspiel

1980er **Personal Computer**
Die ersten Computer für jeden Haushalt

1989 **The World Wide Web**
Die Grundlage des heutigen WWWs

Algorithmisches Problemlösen

Teste dich! (Lösungen auf Seite 145 und 146)

Mit Algorithmen Probleme lösen

1 Nenen die Anforderungen an einen Algorithmus.

2 Nenne die Herangehensweisen, mit denen ein Algorithmus Probleme lösen kann.

3 Nenne Situationen aus deinem Alltag, in denen ein Algorithmus ein Problem löst.

4 Entscheide, ob die Abläuf die Anforderungen an einen Algorithmus erfüllen.

a Zeichne einen unendlich lange einen Kreis.
b Gehe fünf Schritte vorwärts. Drehe dich um 90° und sage „Hallo".
c Fahre fünf Minuten Fahrrad.
d Messe mit einem Thermometer die Temperatur in der Umgebung. Immer wenn die Temperatur unter 16°C fällt, schalte die Heizung ein.
e Zeichne mit einem Lineal und einem Bleistift eine horizontale Linie von 2 cm. Zeichne eine vertikale Linie im rechten Winkel an dem rechten Ende der ersten Linie. Verbinde beide Enden miteinander.

Phänomene simulieren

5 Nenne Einsatzgebiete von Simulationen.

6 Erkläre den Begriff Simulation.

7 Beschreibe, wie eine Simulation die Probleme löst.

a In der medizinischen Ausbildung passieren noch häufig Fehler. Es soll aber möglichst viel praktische Erfahrung gesammelt werden.
b Die Produktion eines Prototypen für ein neues Autommodell kostet viel Geld. Die Firma möchte aber wissen, ob die Form besonders gut den Fahrtwind schneidet.

Mit Bots kommunizieren

8 Beschreibe eine Situation mit einem Chatbot.

9 Erkläre den Unterschied zwischen Chatbot und Sprachassistenten.

10 Nenne die Schlüsselwörter in den Fragen, auf die ein Chatbot reagieren könnte.

a Kann ich auch mit Vorkasse bezahlen?
b Wie lange dauert der Versand?

Virtuelle Welten erschaffen

11 Erkläre den Unterschied zwischen einem Avatar und einem NPC.

12 Nenne mehrere Spielelemente, die in Computerspielen zum Einsatz kommen.

13 Erkläre den Begriff Gamifizierung.

14 Erkläre die Beziehung zwischen einer Original-Figur und ihren Klonen. Beziehe dabei die Begriffe „Skript", „Kostüm" und „Variable" mit ein.

15 Max möchte ein Spiel programmieren, in dem die Spielfigur verschiedenen Gegnern ausweichen muss. Ihm fällt nicht ein, wie er bestimmen kann, ob ein Gegner die Spielfigur berührt. Zeige ihm verschiedene Möglichkeiten, wie das gelingen kann. Du kannst Scratch-Blöcke verwenden oder deine Ideen mit den richtigen Fachbegriffen erklären.

Routen planen

16 ◪ Beschreibe wie ein Wegenetz ausgebaut ist.

17 ◩ Erkläre wie ein Navigationsprogramm den kürzesten Weg findet.

18 ▣ Beschreibe wie der Dijkstra-Algorithmus funktioniert.

Robotik

19 ◪ Nenne Bereiche, in denen Robotor zum Einsatz kommen. Nenne jeweils ein Beispiel.

20 ◪ Erkläre den Begriff Roboter und woher er kommt.

21 ◩ Überprüfe die einzelnen Entwicklungsstufen der Roboter auf ihre Richtigkeit.
a Der erste humanoide Roboter wurde 1939 entwickelt und hieß Elektro. In den 1970er Jahren wurde der Wabot-2 entwickelt. Der P1 und P2 wurden in dern 1990er Jahren gebaut. Danach folgten der Atlas 2000 und der ASIMO 2013.
b Für die Industrie wurde in den 1950er Jahren der Unimate entwickelt. Der Standford-Arm hatte 1969 bereits zwei Achsen. So auch der Famulus 1973. Deutlich mehr Achsen hat der Panda, der 2017 entwickelt wurde.
c Direkt zeitgleich zu den humanoiden Robotern wurden auch soziale Roboter entwickelt. So wurde Spielzeugroboter wie der AIBO oder der Care-O-Bot schon in den 1930er Jahren entwickelt.
d Forschungsroboter sind eine ganz neue Erfindung. Sie sollen irgendwann auf dem Mars erkunden.

22 ▣ Erkläre, wieso nach dem zweiten Weltkrieg die Entwicklung in der Robotik mehr an Bedeutung gewann.

23 ▣ Beschreibe die Chancen und Möglichkeiten mit der Entwicklung der folgenden Roboter.
a Der Erkundungsroboter Sojouner
b Rettungsroboter
c Industrieroboter mit mehreren Achsen
d Service-Roboter wie Pepper
e Drohnen in der Landwirtschaft

Informatik und Gesellschaft

24 ◪ Nenne wichtige Meilensteine in der technischen Entwicklung.

25 ◪ Beschreibe wofür die Abkürzung PC steht.

26 ◩ Erkläre den Begriff Digitalisierung.

27 ◩ Benenne digitale Medien und Erfindungen, die die folgenden Situationen aus der früheren Zeit verbessern.
a Nachrichten in der gedruckten Tageszeitung lesen.
b Durch einen mechanischen Wecker geweckt werden.
c Über eine Telefonzelle telefonieren.
d In einem Kartenbuch den kürzesten Weg finde.
e Einen Film als DVD in einer Videothek ausleihen und am nächsten Tag wieder zurückbringen.

28 ▣ Beschreibe die Bedeutung der folgenden Erfindungen für die Gesellschaft.
a Pong
b Personal Computer
c Analytical Engine
d Compiler

Daten interpretieren

Daten können in verschiedenen Formen grafisch dargestellt werden.

Unternehmen, Betriebe und Haushalte nutzen Tabellen, um ihre Finanzen zu planen.

Bei der Nutzung deiner smarten Begleiter hinterlässt du ständig Daten von dir, die von anderen ausgewertet werden können.

Mit Tabellen arbeiten

1 Einen Haushaltsplan aufstellen.

Mit dem ersten Ausbildungsgehalt steht der erste Haushaltsplan an. → 1

Budget • Bei einem Haushaltsplan werden die festen Ausgaben wie die Miete von den Einnahmen abgezogen. Das Geld, was übrigbleibt, ist das Budget. Mit dem Budget werden die alltäglichen Ausgaben wie Essen oder Kleidung bezahlt. Daher ist es wichtig, wichtig, sein persönliches Budget genau zu kennen.

Kalkulation:
lat. Berechnung

Kalkulation • Auch im Betrieb wird das Budget berechnet. Zusätzlich müssen Rechnungen gestellt und Lohnabrechnungen berechnet werden. Der Warenpreis und die Produktionskosten werden durchgerechnet. So wird eine Kalkulation aufgestellt, damit das Unternehmen keine Verluste erleidet.

Mit einer Kalkulation werden Kosten und Preise berechnet.

Tabellenkalkulation • Das Berechnen der Kosten kann mit dem Taschenrechner mühevoll und auch fehlerhaft sein. Wenn eine Berechnung an die aktuelle Situation angepasst werden muss, ist ein Taschenrechner nicht hilfreich. Besonders Zahlen, Wörter und Texte können übersichtlich in Form von Tabellen eingegeben und verarbeitet werden. Solchen Tabellen können beispielsweise Rechnungen, Projektplanung oder Kostenaufstellungen dargestellt sein. Dies wird Tabellenkalkulation genannt.

Kalkulationsprogramm • Die Durchführung der Berechnungen und die grafische Darstellung der Ergebnisse werden vom Kalkulationsprogramm durchgeführt. Es gibt webbasierte Software und lokal installierte Software. → 2

Eine Tabellenkalkulation ist die Eingabe und Verarbeitung von Daten in Form von Tabellen. Die Software für Tabellenkalkulationen heißt Kalkulationsprogramm.

LibreOffice Calc

Microsoft Excel

2 Software

Tabelle • Das wichtigste Element einer Tabellenkalkulation ist die Tabelle. Tabellen enthalten Zeilen, Spalten und Zellen. Eine Zeile ist eine Reihe von Daten, die horizontal ausgegeben wird. Eine Spalte ist eine vertikale Reihe. Zellen ergeben sich aus dem Schnitt von Zeilen und Spalten. → 3

Tabellen bestehen aus Zeilen, Spalten und Zellen.

das Budget
die Kalkulation
die Tabellenkalkulation
die Zelle

Zelle • Jede Zelle hat damit einen eindeutigen Bezeichner, der sich aus Spaltenbezeichner und Zeilennummer ergibt. → 3 Der Zelleninhalt kann dabei eine Zahl, ein Text oder eine Formel sein. Die Darstellung des Zelleninhalts wird durch das Format festgelegt. Mit den Zahlenformaten kann beispielsweise eine Währungseinheit oder ein Datumsformat ausgewählt werden. Die Zeichenformatierung bestimmt Schriftart, Größe und Farbe der Schrift. Der Zelleninhalt kann nach beispielsweise nach links oder rechts ausgerichtet werden. → 4

Kalkulieren • In einer Kalkulationstabelle werden die Einnahmen und Ausgaben eingetragen. Nun kann der Gesamtbetrag errechnet werden. Es können auch für einzelne Bereiche schrittweise die Summe berechnet werden. → 4

Formeln • Für Berechnungen werden Formeln benötigt. Um mit einer Formeleingabe zu beginnen, muss ein Gleichheitszeichen gesetzt werden. Dann kann ein mathematischer Term hinzugefügt werden. Dieser kann aus Zahlen, Rechenoperationen und Variablen bestehen. Werte aus anderen Zellen oder Zellbereichen werden in einer Formel in Beziehung zueinander gebracht. Dies nennt sich Zellbezug und steht für einen Platzhalter.

Mit Tabellenkalkulation können in Zellen Zahlen, Texte und Formeln eingetragen werden.

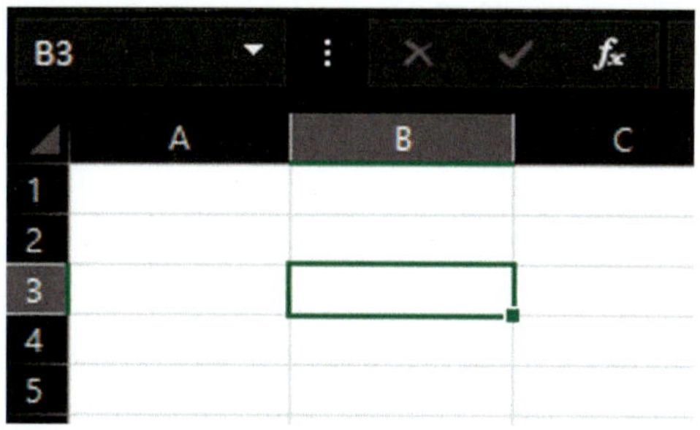

3 Tabelle mit Zellen

	A		B
1	**Haushaltsplan**		**01.05.2024**
2			
3	**Summe Einnahmen**		**1.310,00 €**
4	Gehalt		1.310,00 €
5			
6	**Summe feste Ausgaben**	-	**730,00 €**
7	Miete	-	480,00 €
8	Versicherungen	-	80,00 €
9	Strom	-	30,00 €
10	Internet	-	20,00 €
11	ÖPNV-Ticket	-	120,00 €
12			
13	**Summe weitere Ausgaben**	-	**345,00 €**
14	Essen	-	200,00 €
15	Kleidung	-	100,00 €
16	Gesundheit	-	30,00 €
17	Sport	-	15,00 €
18	**Gesamt:**		

4 Haushaltskosten kalkulieren

Aufgaben

1 Erstelle einen Haushaltsplan und berechne das Budget.

2 Beschreibe den Aufbau einer Tabelle. Erkläre dabei, wie die Zellen formatiert werden können.

3 Erstelle einen Haushaltsplan in einem Kalkulationsprogramm und berechne dein Budget.

Mit Tabellen arbeiten

Material A

Rechnen mit Tabellen

Mit Kalkulationsprogrammen lassen sich Rechnenoperationen durchführen. → 1 2

1 Nenne jeweils die Rechenoperation, die verwendet wurde. → 2

Funktion	Beschreibung
=Zahl+Zahl	Addition
=Zahl-Zahl	Subtraktion
=Zahl*Zahl	Multiplikation
=Zahl/Zahl	Division

1 Wichtige Operationen

2 Erstelle einen Einkaufszettel für deinen nächsten Einkauf.

a Berechne mit der Anzahl und dem geschätzten Einzelpreis jedes Produkts die Gesamtpreise.

b Berechne die Summe des gesamten Einkaufs.

SUMME =A2+B2+C2

	A	B	C	D
1	Zahl A	Zahl B	Zahl C	Ergebnis
2	3	4	2	C2
3	3	4	2	-3
4	3	4	2	24
5	3	4	2	10
6	3	4	2	6

2 Beispielrechnungen

Material B

Zelleninhalte

Kalkulationsprogramme sind nicht nur für Kalkulationen geeignet. Es können auch Planungsübersichten für Projekte erstellt werden.

1 Erstelle einen Wochenplan für deine nächste Woche. Nutze verschiedene Zelleninhalte und wähle die passende Formatierung aus.

2 Erstelle eine Aufgabenliste mit verschiedenen Zelleninhalten.

Material C

Zellenformate

Tabellen können schnell unübersichtlich werden. Dabei helfen die verschiedenen Zellenformate. Die Schrift im Tabellenkopf kann beispielsweise in fett formatiert sein.

1 Erstelle einen Wochenplan für deine nächste Woche. Passe die Formatierung an.

2 Erstelle eine Aufgabenliste mit verschiedenen Zellenformaten.

Material D

Altersbestimmung

Fünf Schildkröten feiern gemeinsam Geburtstag. Schildkröte Speedy erzählt: „Ich bin 10 Jahre jünger als Schnecke. Flauschi ist doppelt so alt wie ich, Rennate ist 8 Jahre jünger als Flauschi."

Schildkrötenname	Alter
Speedy	33
Schnecke	43
Flauschi	66
Rennate	58
Summe	200

3 Alter der Schildkröten

1 Erstelle ein Rechenblatt „Schildkröten". → 3

a Erstelle eine Tabelle, in der ausgehend von Speedys Alter Formeln für das Alter der anderen Schildkröten angegeben sind.

b Trödelliese ergänzt: „Zusammen sind wir in diesem Jahr 500 Jahre alt geworden!". Ermittle das Alter aller Schildkröten.

c Überlege, wie die Aufgabe auch ohne Tabellenkalkulation zügig lösbar ist. Vergleiche und bewerte die beiden Ansätze.

der Rechenoperator
der Zelleninhalt
das Zellenformat
die Funktion

Erweitern und Vertiefen

Mit Funktionen kalkulieren

Funktionen • In Kalkulationsprogramme kann man vordefinierte Funktionen nutzen. Mit einem festgelegten Namen kann die Funktion aufgerufen werden. In einer Klammer werden anschließen Argumenten eingetragen, die durch Semikola voneinander getrennt werden. Argumente können Zellbezüge, mathematische Terme oder Funktionen sein. → 4

Bedingungen • Die Ausgabewerte der Funktionen können von Bedingungen abhängig sein. Oft ist bei der Online-Bestellung der Versand ab einem bestimmten Bestellwert kostenlos. Manche Firmen bieten auch Gratisprodukte beim Erreichen eines bestimmten Betrages an. Mithilfe der WENN-Funktion kann eine solche Entscheidung gefällt werden. Ist beispielsweise die Bedingung von„50 €" erfüllt, ist der Versand kostenlos, sonst wird der Versand berechnet.

Aufgaben

1 Berechne in einer Tabelle für die Zensurentabelle die Anzahl der geschriebenen Arbeiten und die Durchschnittsnote.

Note	1	2	3	4	5	6
Anzahl	4	6	11	5	3	1

2 Führe eine Umfrage in deiner Klasse über die Lieblingsfarbe durch. Notiere die Ergebnisse in einer Tabelle und berechne die Anzahl der einzelnen Farben.

3 Erstelle eine Rechnung über Büroartikel.
a Füge Spalten für die Anzahl, den Einzelbetrag und berechne die Summe.
b Füge einen Rabatt von 5% hinzu, sobald der Gesamtbetrag über 200€ liegt.

Funktion	Beschreibung
=SUMME(Bereich)	Gesamtwert von Zahlenwerten eines Bereiches
=MIN(Bereich)	kleinster Wert eines Bereichs
=MAX (Bereich)	größter Wert eines Bereichs
=ANZAHL(Bereich)	Anzahl der mit Zahlenwerten gefüllten Zellen
=ZÄHLENWENN(Bereich;Suchkriterium)	zählt Zellen eines Bereiches nach einem Suchkriterium
=SUMMEWENN(Bereich;Suchkriterium;Summe_Bereich)	Gesamtwert von Zahlenwerten eines bestimmten Bereiches
=MITTELWERT(Bereich)	zählt Zellen eines Bereiches nach
=RUNDEN(Zahl;Anzahl_Stellen)	rundet Zahl auf bestimmte Anzahl Dezimalstellen
=WENN(Bedingung;Dann_Wert;Sonst_Wert)	Entscheidung, die an eine Bedingung geknüpft ist
=HEUTE()	aktuelle Datum
=DATEDIF(Startdatum;Enddatum;"D")	zählt die Differenz zwischen zweier Daten in Tagen

4 Wichtige Funktionen

Sortieren und Filtern

1 Verschiedene Bausteine sortieren.

Größere Datenmengen können in einer Tabelle unübersichtlich werden.

Sortieren • Um Informationen leichter aus einer Tabelle zu gewinnen, können Daten sortiert werden. Es gibt die Möglichkeit die Daten nach einer Spalte in einem Bereich oder in der ganzen Tabelle zu ordnen. Dabei kann nach Zellenwert, Zellenfarbe, Schriftfarbe oder Symbol sortiert werden. Die Reihenfolge der Sortierung kann dabei aufsteigend oder absteigend sein.

Filtern • Wenn bestimmte Daten gesucht werden, hilft die Filterfunktion. In jeder Spalte können bestimmte Zelleninhalte gefiltert werden. Das ist beispielsweise hilfreich, wenn ein Betrieb die Daten von nur einem bestimmten Kunden sucht.

Daten können sortiert und gefiltert werden.

Text filtern • Ist der Zelleninhalt alphanumerisch, gibt es zusätzlich den Textfilter. Hier gibt es verschiedene Auswahlmöglichkeiten. So können beispielsweise alle Personen gefiltert werden, deren Nachname mit F beginnt.

Zahlen filtern • Ist der Zelleninhalt numerisch, gibt es zusätzlich den Zahlenfilter. Das ist nützlich, wenn bei den Bundesjugendspielen die 10 besten Läufer ermittelt werden sollen. Es können auch die Daten angezeigt werden, die größer oder kleiner als ein bestimmter Wert sind.

Formatierung filtern • Wenn eine Zelle einen bestimmten Wert annimmt, kann diese durch bedingte Formatierungen eine andere Farbe annehmen. Hier bietet sich das Filtern nach Zellenfarbe an. Zusätzlich kann nach der Schriftfarbe sortiert werden. Wenn beispielsweise positive Zahlen immer grün und negative Zahlen rot formatiert werden.

Beim Filtern können zahlreiche Kriterien festgelegt werden.

Aufgaben

1 Erkläre den Unterschied zwischen Sortieren und Filtern.

2 Vergleiche den Zahlenfilter mit dem Textfilter. Nenne Unterschiede und Gemeinsamkeiten.

Material A

Tierische Rekorde

Paul und Ayse spielen Tierquartett. Nachdem sie das Spiel beendet haben, wollen sie alle Tiere miteinander vergleichen. Dazu verwenden Sie ein Kalkulationsprogramm.

2 Das schnellste Tier auf dem Boden: der Gepard

1 Erstelle eine Tabelle mit verschiedenen Tieren. Vergleiche die Daten in fünf verschiedenen Kategorien.

a ◩ Sortiere die Tiere nach ihrer maximalen Geschwindigkeit. Beginne bei dem schnellsten Tier.

b ◩ Sortiere die Tiere nach ihrem Körpergewicht. Beginne mit dem leichtesten Tier.

c ◩ Sortiere die Tiere nach ihrer Größe. Beginne bei dem größten Tier.

d ⊠ Filtere alle Tiere der Klasse Säugetiere.

e ⊠ Filtere alle Tiere, die älter als 30 Jahre alt werden können.

Material B

Notenübersicht

Gegen Ende des Schuljahres möchtest du deine Notenübersicht tabellarisch auswerten. Bisher hast du deine Noten chronologisch eingetragen. Nun möchtest du deine Noten nach Fach sortieren. Außerdem ist es sicher interessant, wo du besonders gut warst.

Notenübersicht

Name: ____________________ **Schuljahr:** ________

Klasse: ________

Datum	Note	Fach	Notentyp	Faktor	Halbjahr
02.09.2024	2	Deutsch	Klausur	2	1
05.09.2024	3	Mathematik	Klausur	2	1
10.09.2024	3	Englisch	Klausur	2	1
17.09.2024	1	Informatik	Klausur	2	1
18.09.2024	2	Sport	Klausur	2	1
01.10.2024	3	Gesellschaftswissenschaften	Klausur	2	1
02.10.2024	3	Kunst	Klausur	2	1
02.10.2024	2	Mathematik	Praktisch	1	1
16.10.2024	2	Musik	Praktisch	1	1

3 Notenübersicht

1 ◩ Erstelle eine Notenübersicht.

a Filtere ein Fach.

b Filtere alle Einsen.

c Filtere alle Tests.

2 ◩ Erstelle eine Notenübersicht.

a Sortiere nach Fächern.

b Sortiere nach Notentyp.

c Filtere Noten besser als vier.

3 ⊠ Erstelle eine Notenübersicht. Berechne mithilfe der Tabelle in jedem Fach den Notendurchschnitt beider Halbjahre.

Daten grafisch darstellen

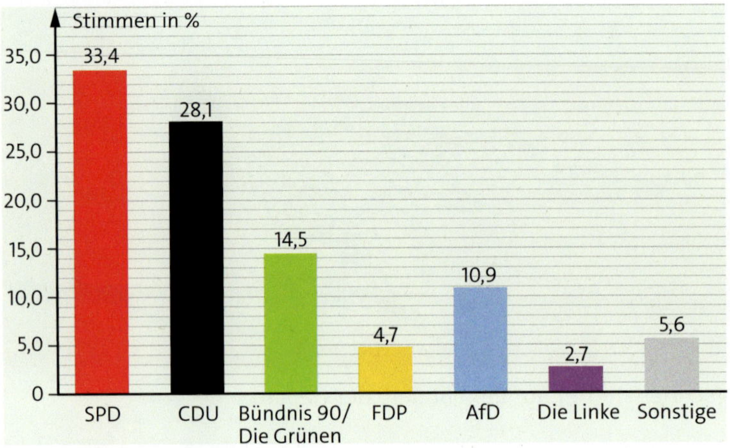

1 Ergebnis der Niedersachsenwahl 2022

Wenn die ersten Prognosen veröffentlich werden, sind die Sieger und Verlierer einer Wahl schnell erkennbar. → 1

Diagramm • Mit grafischen Darstellungen können Zusammenhänge, Trends und Zahlenverhältnisse leichter erkannt werden. Dafür werden die Daten aufbereitet und grafisch dargestellt. Die grafische Darstellung von Daten wird Diagramm genannt. Es gibt verschiedene Typen. Welcher Typ genutzt wird, hängt von den Daten und dem Ziel ab. Diagramme werden mit Kalkulationsprogrammen erstellt.

Achsendiagramm • Die häufigste Form ist das Achsendiagramm. Damit werden Zusammenhänge von zwei Werten dargestellt. Diese sind voneinander abhängig. Das Achsendiagramm ist ein Koordinatensystem mit zwei Achsen: Abszisse und Ordinate.

Diagramm: altgriech. geometrische Figur, Umriss

Diagramme sind grafische Darstellungen von Daten.

Punkte und Blasen • Die Verteilung von Wertepaaren kann mit einem Punktdiagramm dargestellt werden. Ein Wertepaar besteht aus einem Wert für die Abszisse und einen Wert für die Ordinate. In einem Koordinatensystem wird für jedes Wertepaar ein Punkt oder Kreuz eingetragen. Damit können Trends oder Zusammenhänge leichter erkannt werden.
Blasendiagramme sind sehr ähnlich aufgebaut. Nur wird hier zusätzlich die Größe einer Blase passend zum Wert gezeichnet. So können Größenordnungen leichter verglichen werden.

Linien und Flächen • Um einen Trend über einen Zeitraum aufzuzeigen, wird ein Liniendiagramm verwendet. Oft ist der zeitliche Verlauf auf der Abszisse dargestellt. Auf der Ordinate ist ein weiteres Merkmal eingetragen. Für jeden Zeitpunkt wird ein Punkt gesetzt. Alle Punkte miteinander verbunden ergeben eine Linie.
So ähnlich ist auch ein Flächendiagramm dargestellt. Hier sollen Mengenangaben visualisiert werden. → 2

Säulen und Balken • In einem Säulendiagramm sind wie bei dem Punktdiagramm Datenpunkte eingetragen. Zwischen dem Datenpunkt und der Abszisse wird eine Säule eingezeichnet. So lassen sich die Größenordnungen von einzelnen Rubriken leicht miteinander vergleichen. → 1
Ein Balkendiagramm ist wie ein Säulendiagramm, nur wird es waagerecht dargestellt. → 3

das Diagramm
die Abszisse
die Ordinate
die Manipulation

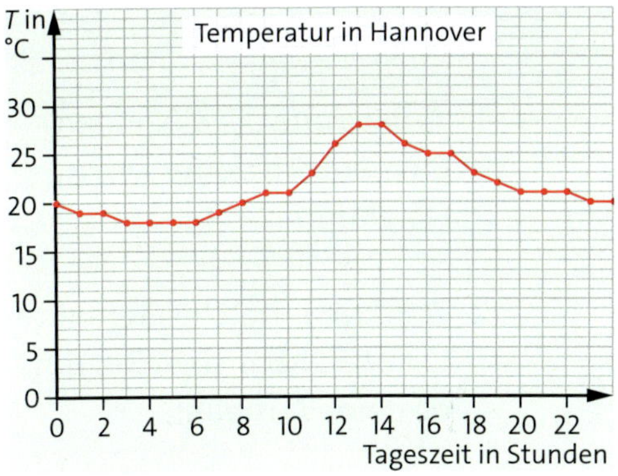

2 Liniendiagramm

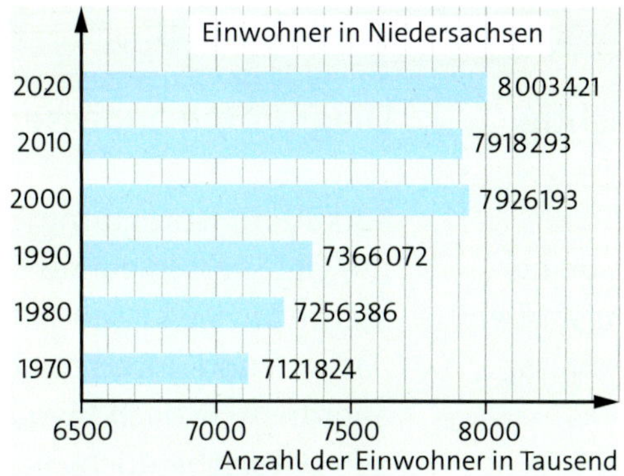

3 Säulendiagramm

Kreis und Ring • Ein Kreisdiagramm ist ideal, um die Anteile eines Ganzen darzustellen. Jeder Wert ist ein Kreissektor. Die Summe der Werte muss immer 100% ergeben. Daher ergeben auch alle Kreissektoren zusammen einen vollständigen Kreis. → 4 Für mehrere Datenreihen bietet sich ein Ringdiagramm an. Ein Ring steht dabei für eine Datenreihe.

Manipulation • Die Interpretation der Daten kann durch die grafische Darstellung in eine bestimmte Richtung gelenkt werden. Es können beispielsweise die Achsen angepasst werden, damit die Daten die gewünschte Aussage liefern.

Diagramme richtig deuten • Beim Deuten eines Diagramms kannst du auf solche Manipulationen achten. Dafür schaue dir immer die Achsen, die Einheiten und die Legende genau an.

Diagramme können leicht manipuliert werden und müssen daher richtig gedeutet werden.

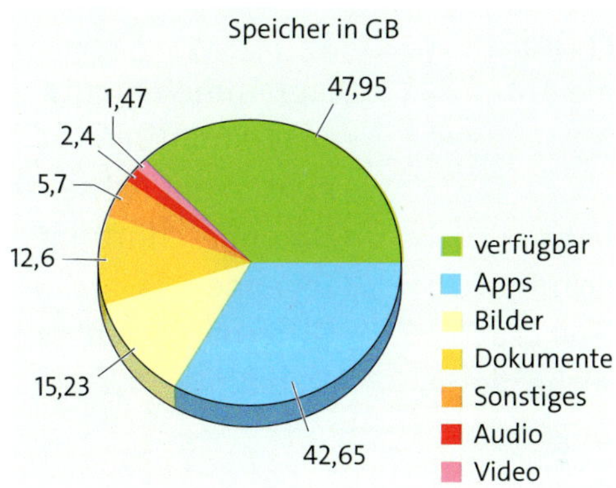

4 Kreisdiagramm

Aufgaben

1 Erstelle eine Mindmap mit allen Diagrammtypen. Ergänze es mit allen wichtigen Informationen.

2 Übertrage die Werte in dem Kreisdiagramm in ein Säulendiagramm. Vergleiche die Darstellungen. → 4

3 Manipuliere das Liniendiagramm so, dass die Werte jeweils stärker oder weniger betont werden. Beschreibe deine Beobachtung.

Daten grafisch darstellen

Material A

Umfrageergebnis richtig darstellen

Führe eine Umfrage in deiner Klasse über die Lieblingsfarbe durch. Notiere die Ergebnisse in einer Tabelle.

1 Nenne einen geeigneten Diagrammtyp für die grafische Darstellung der Umfrage. Begründe deine Antwort.

2 Erstelle ein Diagramm mit den Werten der Umfrage. Nutze verschiedene Diagrammtypen. Vergleiche die grafischen Darstellungen.

Material B

Diagramme anpassen

Kalkulationsprogramme bieten viele verschiedene Elemente an. Sie lassen sich anpasssen und unterschiedlich anordnen. Je nach Layout werden unterschiedliche Elemente genutzt.

Diagrammelemente
- Diagrammtitel
- Achsen mit Achsentitel
- Datenbeschriftung
- Legende
- Gitternetzlinien
- Trendlinie

1 Benenne die einzelnen Elemente in dem Diagramm. → 1

2 Erkläre, welche Elemente unverzichtbar sind. Begründe deine Auswahl.

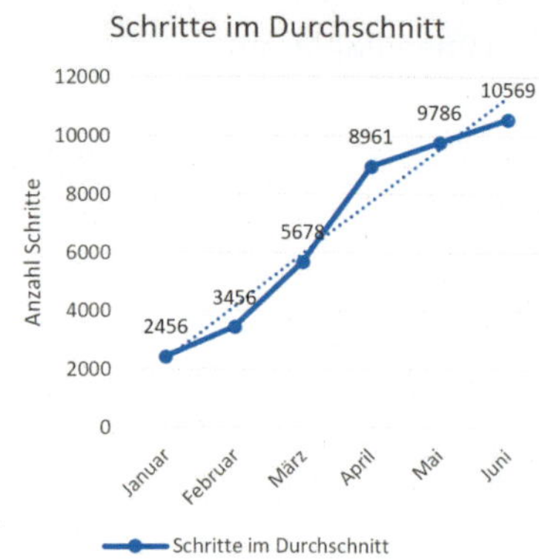

1 Diagramm

Material C

Ein Wetterprotokoll

Das tägliche Protokollieren des Wetters bietet viele Informationen. So fallen Trends und ungewöhnliche Wetterereignisse schneller auf.

1 Notiere dir für eine Woche die Daten des Wetters. Protokolliere dafür Temperatur, Niederschlagsmenge und Windgeschwindigkeit.
Tipp • Nutze eine Wetterstation oder Wetter-App.

	Mo	Di	Mi	Do	Fr	Sa	So
Temperatur in °C	14	12	7	5	8	7	6
Niederschlagsmenge in mm	3	0	1	1	3	0	1
Windgeschwindigkeit in km/ h	32	12	26	27	36	22	15

2 Ein Wetterprotokoll

a Erstelle eine Tabelle mit deinen Daten.

b Erstelle eine grafische Darstellung deiner Daten. Wähle dafür geeignete Diagrammtyp aus.

c Beschreibe und bewerte dein Diagramm.
- Ist ein Trend erkennbar?
- Ist etwas ungewöhnlich?
- Wie könnte das Wetter nächste Woche aussehen?

das Diagrammelement
das Diagrammlayout

Material D

Manipulation

In einem Diagramm können auch Fehler auftauchen. Es könnte sich aber auch um eine Manipulation handeln.

1 Beschreibe die einzelnen Diagramme. → 3

2 Erkläre die einzelnen Diagramme. Nenne mögliche Fehler. → 3

3 Beurteile, ob die einzelnen Diagramme manipuliert wurden oder nicht. Begründe deine Antwort. → 3

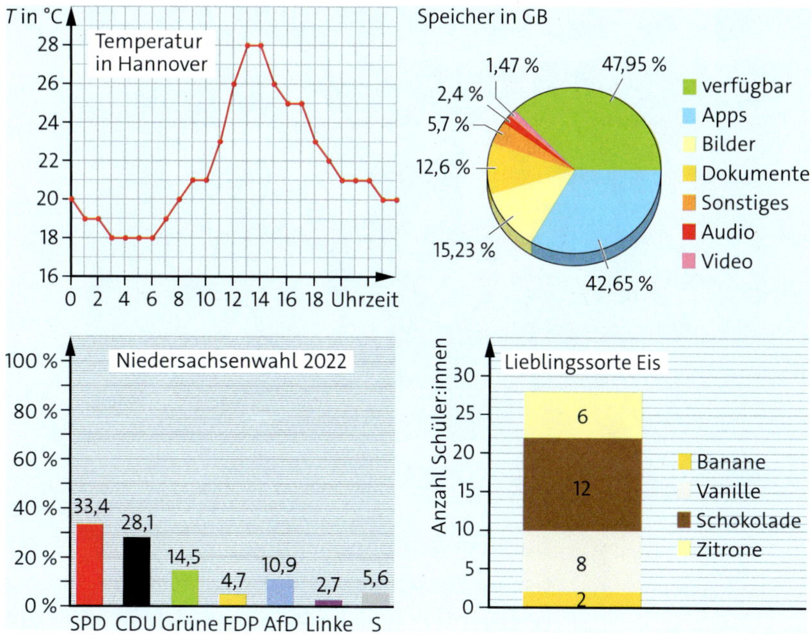

3 Verschiedene Diagramme

Material E

Umsätze vergleichen

Ein Start-Up verkauft nachhaltige Produkte. Die Buchhaltung möchte den Umsatz der einzelnen Produkte vergleichen. Dabei soll die Entwicklung der letzten Monate ausgewertet werden. → 4

Produkt	Umsatz Jan	Umsatz Feb	Umsatz Mrz	Umsatz Apr
Feste Seife	240,00 €	510,00 €	1080,00 €	1330,00 €
Festes Shampoo	160,00 €	340,00 €	504,00 €	665,00 €
Einkaufsbeutel	1200,00 €	850,00 €	216,00 €	95,00 €
Summe	1600,00 €	1700,00 €	1800,00 €	1900,00 €

4 Tabelle mit Umsatzdaten

1 Erstelle mit den Umsatzdaten folgende Diagramme:
a Punktdiagramm
b Liniendiagramm
c Säulendiagramm
d Ringdiagramm

2 Beschreibe den Verlauf der Umsätze in dem jeweiligen Diagramm. Erkläre die Entwicklung.
a Punktdiagramm
b Liniendiagramm
c Säulendiagramm
d Ringdiagramm

3 Vergleiche die verschiedenen Diagramme miteinander.

4 Erkläre die jeweiligen Vorteile und Nachteile der grafischen Darstellung der Umsätze.

Daten und Informationen

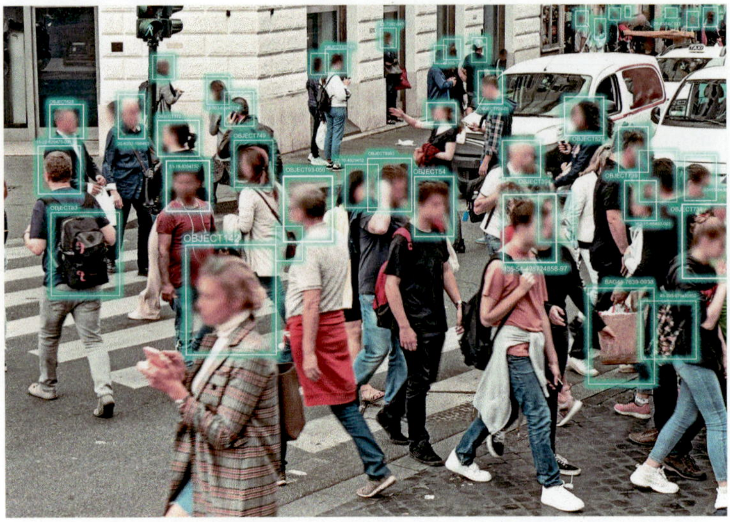

1 Mit Gesichtserkennung-Software Daten sammeln.

Durch Videoüberwachung mit automatischer Gesichtserkennung kann ermittelt werden, welche Personen sich an einem überwachten Ort aufhalten. → 1

Wissen aus Daten • Daten bestehen aus Zeichen und Zeichenketten. Diese sind nach bestimmten Regeln geordnet. In der Informatik werden Daten als digitale Repräsentation von Informationen verstanden. Eine Information besitzt im Gegensatz zu Daten eine Bedeutung. Jede Information ist mit einem konkreten Kontext verknüpft. Aus vielen miteinander verknüpften Informationen entsteht Wissen. → 2

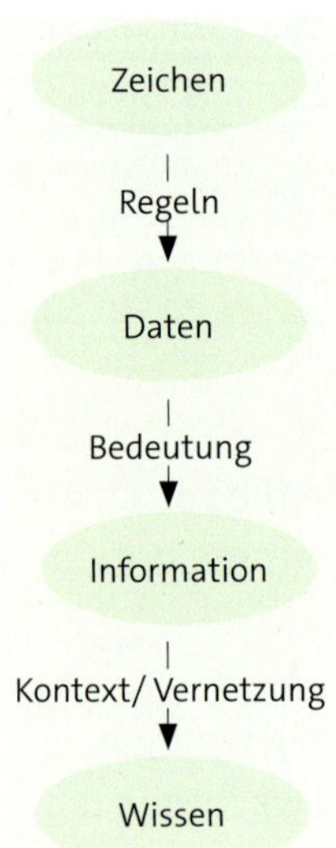

2 Wissen

Biometrische Daten • Bei der Gesichtserkennung wird ein Gesicht vermessen und automatisch erkannt. Dabei werden biometrische Daten abgeglichen. Das sind Daten von rein körperlichen Informationen wie die Geometrie des Gesichts oder ein Fingerabdruck.

Personenbezogene Daten • Alle Daten, die sich auf eine Person beziehen, sind personenbezogene Daten. Mit diesen Daten können Rückschlüsse zur Person gezogen werden. Mit einem Namem und dem Geburtstag kann eine Person meist direkt identifiziert werden. Weitere personenbezogene Daten sind Standort, Telefonnummer und E-Mail-Adresse. Beim Abrufen einer Webseite wird eine IP-Adresse gespeichert. Diese kann einem Gerät und damit einer Person zugeordnet werden.

Daten schützen • Personenbezogene Daten sind besonders sensibel. Aus allen gesammelten Daten können Informationen über eine einzelne Person zusammengetragen werden. Daher sind diese gesetzlich besonders geschützt. So muss die betroffene Person der Verarbeitung zustimmen.

Personenbezogene Daten geben Wissen über eine Person preis.

Aufgaben

1 Nenne Beispiele für personenbezogene Daten, die in sozialen Netzwerken veröffentlicht werden.

2 Erkläre, welche Informationen durch die Gesichtserkennung gewonnen werden können.

3 Beschreibe den Verlauf von Daten zum Wissen am Beispiel der Gesichtserkennung. → 2

biometrisch
personenbezogen
die Gesichtserkennung

Material A

Digitaler Fingerabdruck

Bei der Nutzung deiner smarten Begleiter hinterlässt du Daten von dir, die von anderen ausgewertet werden können. Durch das eingeschaltete Smartphone wird ständig deinen Standort übermittelt. So können Bewegungsprofile von dir erstellt werden.

Jede Suchanfrage im Internet kann der IP-Adresse deines Geräts zugeordnet werden. So erhältst du bald Werbung für Produkte, die du zuvor gesucht hast. Unternehmen erstellen durch das Sammeln deiner Daten einen digitalen Fingerabdruck.

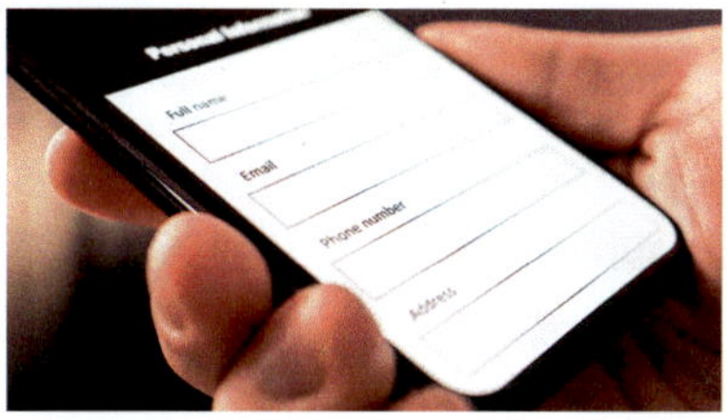

3 Registrierung

Viele Daten hinterlässt du bei der Nutzung von sozialen Medien. Dafür musst du dich registrieren. → 3 Hier solltest du nur so viele Informationen eintragen wie nötig. Angaben wie Geburtsdatum, Adresse oder Bankverbindung sollten nicht öffentlich sichtbar sein. Sei auch mit Fotos und Videos vorsichtig. Mache Privates nur für Personen sichtbar, die du wirklich kennst.

1 Beschreibe, wie du im Internet Datenspuren hinterlässt.

2 Erkläre, warum du passgenaue Werbung auf dein Smartphone bekommst.

3 Recherchiere im Netz, wie du das Datensammeln im Webbrowser unterbinden kannst.

4 Erkläre, warum du Privates nur mit Personen teilen solltest, die du kennst.

5 Überlege, wieso auch Suchmaschinen Daten sammeln könnten.

Material B

Gesichtserkennung – Pro und Kontra

An belebten Plätzen mit Videoüberwachung können die Gesichter der Passanten mit speziellen Programmen ausgewertet und mit Datenbanken auf zentralen Computern verglichen werden. So sind deine Bewegungsgewohnheiten und Aufenthaltsorte überprüfbar.

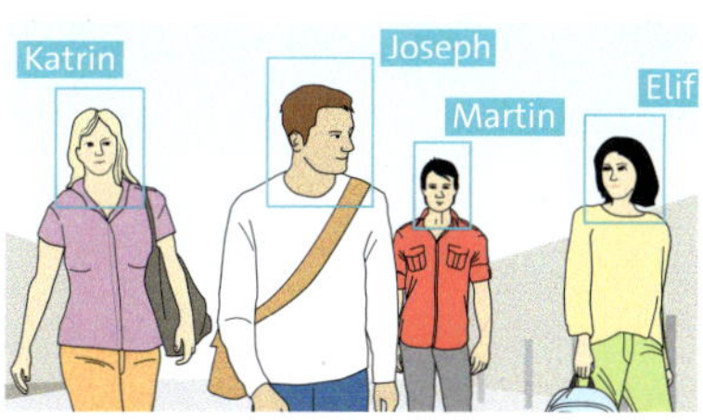

4 Gesichtserkennung

1 Überlegt euch Argumente für und gegen die Nutzung einer Gesichtserkennung-Software.

2 Legt verschiedene Rollenkarten an:
- Polizei
- Privatpersonen (Weiß, Menschen of Color)
- Demonstrierende
- Gericht
- Unternehmen

3 Führt eine Pro-und-Kontra-Debatte mit verteilten Rollen. Eine Anleitung findet ihr auf Seite 146.

Projekt

Datenschutz

Personenbezogene Daten • Bei vielen Gelegenheiten sind eure Daten gefragt. Ob ihr den Personalausweis beantragt, ein Konto eröffnet, euch in der Bibliothek einschreibt oder einen Ausbildungsvertrag abschließt: immer werden Daten erfasst und gespeichert. Meist sind es persönliche Angaben, wie Name, Adresse, Geburtsdaten, Telefon und Mailkontakt, die von Firmen oder Behörden benötigt werden. Sie müssen sorgsam mit euren Daten umgehen und dürfen sie ohne eure Erlaubnis nicht weitergeben. Die Erhebung, Speicherung und Nutzung personenbezogener Daten regelt die Datenschutzgrundverordnung.

Internetdienste • Bei der Nutzung von Internetdiensten sind ständig eure personenbezogenen Daten gefragt. Ob sie gespeichert und weitergegeben werden dürfen, hängt von eurer Zustimmung zu den Nutzungsbedingungen der Dienste ab.

Projektideen • Die folgenden Ideen sollen euch Anregungen für euer Projekt liefern:
- Startet in der Schule eine Umfrage zum Datenschutz: Wissen eure Mitschülerinnen und Mitschüler, wo ihre Daten gespeichert werden? Kennen sie die Datenschutzgrundverordnung?

Gesundheitsdaten

Die Speicherung von Gesundheitsdaten, zum Beispiel auf einer Chip-Karte, hat Vor- und Nachteile. Fremder Zugriff auf die Daten könnte negative Folgen für dich haben.

1

Standortdaten

Viele Apps greifen auf deine Standortdaten zu. Internetdienste könnten sie langfristig speichern und ein Bewegungsprofil erstellen.

2

Nahfeldkommunikation (NFC)

NFC ist eine Technik zum kontaktlosen Austausch von Daten. Handys oder Bankkarten nutzen die Technik, um zum Beispiel kontaktlos zu bezahlen. Dabei können die Daten in einem Umkreis von einigen Zentimetern auch von Fremden gelesen werden.

3

Cookies

So nennt man Informationen, die eine aufgerufene Webseite an deinen Browser schickt. Somit ist bei nochmaligem Aufruf der Seite bekannt, was du bisher auf der Webseite gemacht hast.

4

- Informiert euch über die Datenschutzgrundverordnung und fertigt dazu eine Infobroschüre an.
- Befragt Expertinnen und Experten (zum Beispiel von einer Verbraucherzentrale) zu den Problemen des Datenschutzes im Internet.
- Recherchiert, welche persönlichen Daten bei der Nutzung von Internetdiensten gespeichert werden. Lest dazu die Nutzungsbedingungen der Dienste gut durch.
- Findet heraus, wo unerlaubterweise Daten von euch erhoben werden könnten. Wie könnt ihr euch dagegen schützen?
- Sucht weitere Informationen zu den Themenkästen. → 1 – 8

Aufgaben

1 Präsentiert eure Ergebnisse aus dem Projekt auf Stellwänden in der Schule. Präsentiert die Daten in einer sinnvollen Darstellungsweise.

2 Veranstaltet einen Infotag zum Thema Datenschutz. Ladet dazu Experten ein.

3 Organisiert für eure Schule einen Kurs für Medienscouts.

Passwortmanager

Immer das gleiche oder unsichere Passwörter zu verwenden, ist sehr gefährlich. Passwortmanager helfen bei der Verwaltung sicherer Passwörter. Mit einem einzigen Master-Passwort überwacht man zentral alle Passwörter.

5

Verschlüsselung

Vertrauliche Daten können mit Verschlüsselungsprogrammen geschützt werden.

6

Datenschutzgrundverordnung (DSGVO)

Artikel 5 (1): Personenbezogene Daten müssen

a) auf rechtmäßige Weise, nach Treu und Glauben und in einer für die betroffene Person nachvollziehbaren Weise verarbeitet werden („Rechtmäßigkeit, Verarbeitung nach Treu und Glauben, Transparenz“);

b) für festgelegte, eindeutige und legitime Zwecke erhoben werden und dürfen nicht in einer mit diesen Zwecken nicht zu vereinbarenden Weise weiterverarbeitet werden; ...

7

Privatsphäre

Auf Social Media Plattformen teilen wir Erlebnisse mit Freunden und Familie. So bleiben alle auf dem Laufenden. Fotos zeigen, wie toll die letzte Party war. Bei jeder Reise wird der Standort geteilt. Das kann auch negative Folgen haben. Die Fotos können im Internet wieder auftauchen und der Chef könnte den betrunkenen Zustand sehen. Einbrecher suchen im Internet, wer nicht zuhause ist.

8

Zusammenfassung

Mit Tabellen arbeiten • Mit einer Kalkulation werden Kosten und Preise berechnet. Dabei können Tabellen helfen. Sie bestehen aus Zeilen und Spalten. Eine Zelle ergibt sich aus dem Schnitt von Zeile und Spalte.
In Tabellen werden Daten eingegeben und verarbeitet. In Zeilen können Texte, Zahlen und auch Formeln eingegeben werden. Kalkulationsprogramme bieten viele Formeln an, um Daten auszuwerten.

Filtern und Sortieren • Unsortierte Daten lassen sich schwer auswerten. Dafür bieten Kalkulationsprogramme Sortierfunktionen an. So können Daten beispielsweise nach der Größe aufsteigen oder absteigend sortiert werden.
Mit der Filterfunktion können bestimmte Daten herausgefiltert werden. Dafür müssen Kriterien festgelegt werden. Es kann nach einem bestimmten Text, einer Zahl oder einer Formatierung gefiltert werden.

Daten grafisch darstellen • Daten lassen sich in Diagrammen übersichtlich darstellen. → 1
So können die wichtigsten Informationen schnell herausgelesen werden. Je nach Anwendungsfall gibt es verschiedene Diagrammtypen.
- Punktdiagramm und Blasendiagramm
- Liniendiagramm und Flächendiagramm
- Säulendiagramm und Balkendiagramm
- Kreisdiagramm und Ringdiagramm.

Diagramme müssen richtig gedeutet werden, denn sie können auch die Darstellung verzerren.. Manipulationen verändern die aus Daten abgeleiteten Informationen.

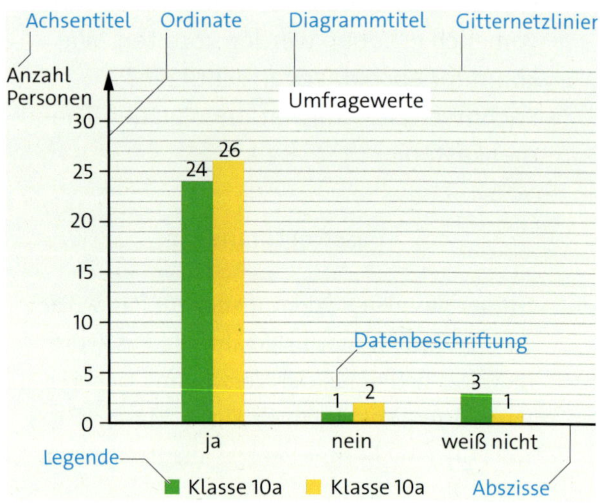

1 Diagrammelemente

Daten und Informationen • Aus Daten können Informationen entnommen werden. Viele Informationen bauen zusammen mit einem bestimmten Kontext Wissen auf.
Bei der Gesichtserkennung wird das Gesicht vermessen. Daraus werden biometrische Daten gewonnen. Sie gehören wie andere Daten zu den personenbezogenen Daten. → 2
Diese Daten lassen sich auf eine einzelne bestimmte Person zurückführen.

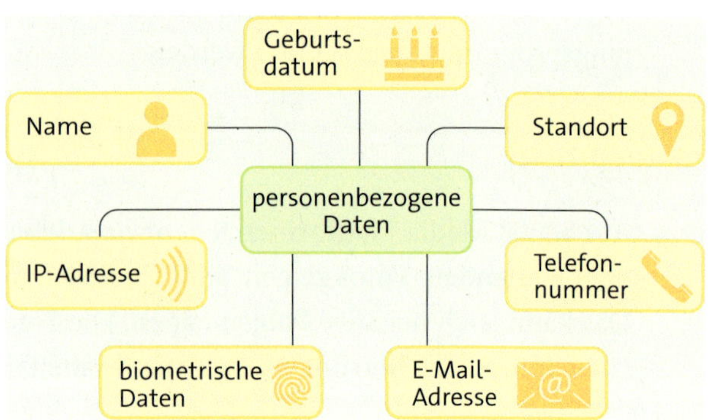

2 Personenbezogene Daten

Teste dich! (Lösungen auf Seite 146 und 147)

Mit Tabellen arbeiten

1 Beschreibe den Aufbau einer Tabelle. Nenne die wichtigsten Elemente.

2 Erkläre den Begriff Kalkulation. Nenne drei Beispiele für die Aufstellung einer Kalkulation.

3 Erstelle eine Wochenübersicht über deine Freizeitaktivitäten. Nutze zur Unterschiedung von verschiedenen Aktivitäten unterschiedliche Formatierungen.

4 Für deinen Nebenjob möchtest du deine Arbeitszeit erfassen. Um dies nicht von Hand auszurechnen zu müssen, entscheidest du dich dafür, ein Kalkulationsprogramm zu nutzen. Deinem Chef ist wichtig zu wissen, wann du wie viele Stunden gearbeitet hast. Er möchte dann eine wöchentliche Übersicht deiner Arbeitszeit haben.

a Erstelle eine Tabelle zur Auswertung der Arbeitszeit.

b Beschreibe die Herausforderung bei der Erstellung der Tabelle.

Filtern und Sortieren

5 Vergleiche die Funktion Sortieren mit der Funktion Filtern. Nenne jeweils einen Anwendungsfall.

6 Erkläre, was du beim Filtern nach „größer gleichen" Werten beachten musst.

7 Erstelle eine Tabelle. Trage dort täglich die benötigte Zeit deiner Freizeitaktivitäten ein.

a Sortiere die Daten der Größe nach.

b Sortiere die Daten nach Art der Aktivitäten.

c Filtere alle Aktivitäten, die länger als 30 Minuten andauern.

Daten grafisch darstellen

8 Beschreibe den Aufbau eines Achsendiagramms. Nenne die wichtigsten Elemente eines Diagramms.

9 Nenne jeweils einen Anwendungsfall für die grafische Darstellung von Daten durch folgende Diagramme.

a Liniendiagramm

b Säulendiagramm

c Balkendiagramm

d Kreisdiagramm

10 Zeichne jeweils grafische Darstellungen der folgenden Daten.

a Umfrage über Lieblingsessen

	10a	10b
Pizza	12	8
Döner	13	15
Salat	2	2
Sushi	3	5

b Umfrage über Hobbys

	10a	10b
Sport	22	18
Zocken	23	24
Lesen	7	5
Shoppen	2	3

11 Nenne Möglichkeiten ein Diagramm zu manipulieren.

Daten und Informationen

12 Nenne personenbezogene Daten.

13 Beschreibe, was bei einer Gesichtserkennung passiert.

14 Erkläre, wie aus einzelnen Zeichen Wissen wird. Verwende dafür ein Beispiel.

15 Erläutere die Notwendigkeit die eigenen personenbezogenen Daten vor Datensammeln zu schützen. Nenne mögliche Missbrauchsfälle.

Lösungen der Testaufgaben

Grundlagen der Datenverarbeitung – S. 23

1 Den Computer selbst und Geräte wie Monitor, Drucker oder Scanner sowie die dazugehörigen Kabel bezeichnet man als Hardware.
Ausführbare Programme und deren Bestandteile bezeichnet man als Software.

2 Monitor, Maus und Tastatur, Lautsprecher, Webcam und Mikrofon

3 a Gemeinsamkeiten: Computersysteme mit CPU, RAM und Speicher, nutzen Peripheriegeräte
Unterschiede Smartphone: Touchscreen mit virtueller Tastatur, geringe Größe
Unterschiede Laptop: viele Schnittstellen, separate Tastatur im Gehäuse, aufklappbares Gehäuse
b Vorteile Smartphone: leicht tragbar, passt in kleine Taschen; Nachteile Smartphone: weniger Speicherkapazität, weniger Schnittstellen
Vorteile Laptop: größerer Bildschirm, mehr Speicherkapazität, mehr Schnittstellen; Nachteile Laptop: für den Transport wird eine Tasche benötigt

4 Die Schritte des EVA-Prinzips sind Eingabe, Verarbeitung und Ausgabe. Mit einer Tastatur kann eine Elngabe erfolgen. Diese wird durch den Prozessor bearbeitet. Ein Monitor gibt besipielsweise einen geschriebenen Text aus.

5

Eingabe	Verarbeitung	Ausgabe
Maus	CPU	Lautsprecher
Tastatur	RAM	Monitor
Mikrofon	SSD	...
Webcam	HDD	...
Controller	...	...
...	...	...

6 Bei der Eingabe nimmt der Sprachassitent die Stimmen der Personen im Raum mit dem Mikrofon auf. Er überprüft, ob das Wort „Alexa" gesprochen wurde und schickt dann das Gesprochene zu einem Server von Amazon. Der Server verarbeitet die Daten und sendet das Ergebnis zurück zum Lautsprecher. Der Lautsprecher gibt das Ergebnis aus

7 Text: txt, doc; Audio: wav, mp3; Bild: gif, svg, png, jpg; Video: mov, mp4

8 Ein Dokument lässt sich in einer Datei speichern, aber nicht andersherum.

9 Bei einer editierbaren Datei lässt sich das Dokument in einem Programm verändern. Bei einer nicht editierbaren Datei geht das nicht so leicht.

10 Auf DVDs werden Daten optisch gespeichert und gelesen. Die Daten werden mit einem Laser als winzige Löcher in die Scheibe gebrannt. Eine binäre „1" ist dabei ein Loch, eine „0" kein Loch.

11 USB-Speicher sind elektronische Speicher.

12 Ein USB-Stick und eine SSD-Festplatte haben Speicherchips, eine Kontrolltechnik und einen Anschluss. Der USB hat einen USB-Stecker, die SSD besitzt eine Anschlussleiste. Die SSD hat mehr Platz für Speicherchips. Dadurch verfügt sie über mehr Speicherkapazität. Ein UBS ist kleiner und lässt sich leichter transportieren.

13 a Clouddienste nutzen Plattenspeicher zum Speichern der großen Datenmengen.
b Auf speziell beschichteten Platten werden beim Speichern kleinste Bereiche magnetisiert (binär „1") oder nicht magnetisiert (binär „0").

14 Ordner und Unterordner, Dateien

15 Vorteile:Dateien sind weltweit abrufbar, Dateien lassen sich mit jedem teilen
Nachteil: benötigt Zugang zum Internet

16 a Öffne den Ordner Deutsch, Rechter Mausklick in das rechte Feld des Explorers, Neu, Textdokument, Namen „D_Übung.txt
b Textdokument mit rechter Maustaste anklicken, „Umbenennen" auswählen, richtigen Dateinamen eingeben
c Rechte Mausklick auf Datei, Kopieren, In den Ordner Texte wechseln, Rechter Mausklick in das rechte Explorer-Feld, „Einfügen" wählen

17 Durch Ordner und Unterordner lassen sich Datein in verschiedene Katergorien einordnen. Dabei sollten Ordner und Dateien so benannt werden, dass diese für alle leicht verständlich sind.

18 Individuelle Lösungen.

Einstieg in die Programmierung – S. 50/51

1 Individuelle Lösungen. Zum Beispiel: Wäsche aufhängen, Brot schmieren, eine Schultasche packen

2 Anwendungssoftware und Betriebssystem

3 a Schalte Fernseher ein
Schalte auf Sender
Schaue Sendung
Falls Sendung vorbei
Schalte Fernseher aus
Ende
b Schalte Heizung ein
Falls Temperatur gleich 20°C
Schalte Heizung aus
Falls Temperatur unter 16°C
Schalte Heizung ein

4 Ein Programm wird mithilfe einer Programmiersprache in einer Entwicklunsumgebung geschrieben. Das wird Programmierung genannt.

5 Ein Algorithmus beschreib den Ablauf eines Programms in Teilschritten. Dafür wird ein Algorithmus in einer Programmiersprache umgesetzt.

6 Stelle eine Rührschüssel hin
Füge Eier, Milch, Zucker, Salz und Mehl hinein
Verühre die Zutaten
Falls Teig zu flüssig
Füge Mehl hinzu
Falls Teig zu fest
Füge Milch hinzu
Stelle Pfanne auf den Herd
Schalte Herd ein
Füge Öl in die Pfanne
Falls Öl kalt
Warte
Falls Öl heiß
Füge Teig in die Pfanne
Falls Pfannkuchen hell
Warte
Falls Pfannkuchen braun
Entnehme den Pfannkuchen
Schalte Herd aus

7 In Scratch gibt es einen Skriptbereich, eine Bühne mit Figuren und Blöcke. Die Blöcke sind im Blockmenü nach Kategorien sortiert. Mit der grünen Fahne wird ein Programm gestartet, mit dem roten Punkt gestoppt.

8 Ein Projekt-Board ist in drei Teile aufgeteilt. Links kommen die Aufgaben hin, die noch erledigt werden müssen. In der Mitte werden die Aufgaben hingesetzt, die gerade bearbeitet sind. Wenn eine Aufgabe erledigt ist, kann sie in den rechten Bereich.

9 a In dem Figurenmenü kann eine Figur hinzugefügt werden. Sie kann hochgeladen, ausgewählt oder gemalt werden.
b Im Bühnenmenü kann ein Bühnenbild hinzugefügt werden. Es kann hochgeladen, ausgewählt oder gemalt werden.
c Erst muss eine Figur auswählt werden. Aus der Kategorie Ereignis muss der Block „Wenn Fahne angeklickt wird“ in den Skriptbereich geschoben werden. Danach fügt man den Bewegungs-Block „gehe ...er Schritte“ hinzu.
d Um ein Programm starten zu können, wird der Block „Wenn Fahne angeklickt wird“ benötigt. Dann kann die grüne Fahne anklickt werden.

10 a Im Dateimenü auf „Von deinem Computer hochladen“ klicken und eine Datei auswählen.
b Im Dateimenü auf „Auf deinem Computer speichern“ klicken und einen Speicherort auswählen und Namen eingeben.
c Im Kostümbereich kann im Kostümmenü ein Kostüm hinzugefügt werden. Es kann hochgeladen, ausgewählt oder gemalt werden.
d Im Blockmenü unten auf „Erweiterung hinzufügen“ klicken und „Malstift“ auswählen.

11 Programmierprojekte durchlaufen folgende sechs Phasen: Planung, Teamarbeit, Zwischenbesprechung, Teamarbeit, Prototyp, Reflexion.

12 Erst wird der Ereignis-Block „Wenn Fahne angeklickt wirdt“ benötigt. In einer Endlosschleife wird eine Verzweigung eingebaut. Dafür wird der Steuerungs-Block „falls..., dann“ mit der Bedingung „Taste Pfeil nach rechts gedrückt?“ benötigt. Darin befindet sich der Bewegungs-Block „gehe 10er Schritte“.

13 Eine Anweisung ist der kleinste Teil eines Computerprogramms. Sie steht für einen Arbeitsschritt wie beispielweise „Gehe 10er Schritte“.

Eine Sequenz ist eine Folge von mehreren Anweisungen wie beispielsweise „Gehe 10er Schritte. Drehe dich um 90°. Gehe 10er Schritte."

14 a Befehl
b Befehlsfolge
c bedingte Anweisung, if-Anweisung

15 a warte ... Sekunden, falls ..., dann
b gehe ... er Schritte, ändere x um ...
c sage ..., wechsle zu Kostüm ...

16 DIe Bedingung bei einer Verzweigung entscheidet darüber, welche Sequenz ausgeführt wird. Je nachdem ob die Bedingung wahr oder falsch ist.

17 Bei einer Initialisierung werden Startwerte festgelegt. Beim Starten des Programms wird eine Sequenz mit diesen Werten gestartet.

18 Messe Temperatur
Wenn Temperatur über 25°C
  Geht schwimmen

19 a Eine Anweisung wird in einem Rechteck dargestellt. Mehrere Rechtecke untereinander ergeben eine Sequenz.
b Eine Anweisung wird in einem Rechteck dargestellt. Mehrere Rechtecke untereinander ergeben eine Sequenz. Sie werden hier mit einem Pfeil verbunden. Er gibt die Richtung des Programms an.

20 ein Schultag, Fahrrad fahren, gehen

21 Wiederholung

22 Endlosschleif, Zählschleife, Prüfende Schleife

23 Wenn zwei Schleifen verschachtelt sind, dann liegt eine Schleife innerhalb einer Schleife.

24 Bei einer prüfeneden Schleife hängt die Schleife von einer Bedingung ab. Nur wenn die Bedingung erfüllt ist, wird die Schleife durchgeführt. Beispielsweise startet eine Schleife erst, wenn eine bestimmte Taste gedrückt wurde.

25 Eine Figur in Scratch kann eine Raute mithilfe einer Zählschleife zeichnen, indem sie mit der Malstift-Erweiterung eine Linie zeichnet. Die Figur muss für eine Raute im 45-Gradwinkel starten. Beim Programmstart soll die Figur 100 Schritte nach vorne gehen, sich um 90° drehen und diese Sequenz viermal wiederholen.

26 a Zählschleife
b Endlosschleife
c Bedingte Schleife
d Endlosschleife

27 Eine Variable ist ein Platzhalter für einen Wert. Dieser Wert kann verändert werden. So kann beispielsweise die Variable Alter nach einem Jahr um den Wert 1 erhöht werden.

28 Makecode, Open Roberta Lab, Mind+ (Scratch), Calliope mini Swift Playground

29 RGB-LED, LED-Display, Lautsprecher, Motor

30 Mit Aktoren können Aktionen durchgeführt werden. Ein Aktor kann ein Signal wie beispielsweise eine blinkende LED versenden oder sich bewegen.

31 Ein Motor dreht sich und überträgt die Bewegung auf eine Achse. Dort können beispielweise Räder montiert sein, die einen Robotor bewegen.

32 a Richtig
b Falsch
c Richtig
d Falsch

33 a Ein Lautsprecher versendet ein Signal beispielsweise als einen Ton mithilfe von Schallwellen.
b Eine RGB-LED versendet ein Signal, indem sie beispielsweise an und aus geschaltet wird.
c Ein LED-Display kann einfache Zeichen wie beispielsweise einen Strich anzeigen.

34 Taste A und B, Lichtsensor, Magnetfeldsensor, Temperatursensor, PIN, Lagesensor

35 Ein Sensor kann Umwelteinflüsse wie beispielsweise die Temperatur messen.

36 Ein Magnetfeldsensor misst die Stärke und Richtung des Magnetfeldes. So kann dieser Aktor beispielsweise als Kompass verwendet werden.

37 In einem Sensor-Aktor-Sytem messen Sensoren die Umwelteinflüsse. Ein Mikrocontroller verarbeitet diese Information und steuert so einen Aktor. Ein Beispiel ist die Waschmaschine.

38 Computer können mithilfe von Sensoren und Aktoren beispielsweise das Licht automatisch bei Bewegung oder bei Dunkelheit einschalten. Sie sind in vielen elektrischen Geräten wie beispielsweise einem Toaster verbaut.

39 a Kann gedrückt werden.
b Misst die Temperatur der Umgebung.
c Misst die Helligkeit der Umgebung.
d Misst die Beschleunigung und Neigung des Calliope minis.

40 a Lichtsensor und RGB-LED.
b Lagesenor und Lautsprecher.

Codieren und Verschlüsseln – S. 71

1 a falsch
b falsch
c richtig
d richtig

2 Individuelle Lösungen.

3 a

BLZ	350 700 24
K-Nr.	038 824 95 00
BBAN	3500024 0388249500
IBAN - PZ	DE 00 3500 02403 8824 95 00
Umstellung	3500 02403 8824 95 00 DE 00
Buchstaben	3500 02403 8824 95 00 1314 00
mod 97	70
98 - mod 97	98 - 70 = 28
IBAN + PZ	DE 28 3500 02403 8824 95 00

b

BLZ	100 100 10
K-Nr.	012 976 26 17
BBAN	10010010 0129762617
IBAN - PZ	DE 00 1001 0010 0129 7626 17
Umstellung	1001 0010 0129 7626 17 DE 00
Buchstaben	1001 0010 0129 7626 17 1314 00
mod 97	67
98 - mod 97	98 - 67 = 31
IBAN + PZ	DE 31 1001 0010 0129 7626 17

4 a falsche Prüfziffer
b richtig

5 Codierung ist die Übersetzung in eine Darstellungsform nach festgelegten Regeln. Einen Programmcode schreiben bedeutet, dass mit einer Programmiersprache ein Algorithmus implementiert wird.

6 Die Ergebnis der Aufgabe lautet im Dezimalsystem 2. Dies ist im Binärsystem 10.

7 Mina: 15 Jahre
Papa: 42 Jahre
Oma: 63 Jahre
Ben: 17 Jahre

8 Im RGB-System stehen für jeden Farbanteil 8 Bits zur Verfügung. Pro Farbe ergeben das 256 Farbabstufungen.

9 Farben im RGB-System werden mit drei Farbanteilen dargestellt. Die Farbangaben stehen jeweils für den Anteil der drei Grundfarben. Dabei steht 0 für eine ausgeschaltete Farbe, 255 für 100% Sättigung. Wenn zwei Farbanteile auf 100% Sättigung stehen und die dritte Farbe ausgeschaltet ist, entsteht eine Mischfarbe aus beiden Farben. So wird auch Rot und Grün Geld. Der RGB-Code lautet RGB(255,255,0).

10 Das Format Portable Bitmap hat die Dateiendung pbm. Es gibt nur zwei Farbangaben. Daher sind diese Pixelgrafiken in schwarz weiß. Mit dem Format Portable Graymap, kurz pgm, lässt sich mit 15 Farbangaben eine Pixelgrafik in Grautönen darstellen. Mit dem Format Portable Pixmap, kurz ppm, sind mit 255 Farbangaben bunte Pixelgrafiken möglich. Alle Formate sind binär codiert.

11 a duschen
b Wasser
c Bademeister, Badebetrieb

12 a pualyula
b aoa yogeyane jac iafzrzaeixecia

13 a Rechner
b Hallo Welt
c Verschluesselung
d Konrad Zuse entwickelte den ersten Computer.

Aufbau des Internets– S. 89

1 Das Internet ist die Infrastruktur. Sie besteht aus hauptsächlich aus Clients, Servern und Routern. Das World Wide Web ist einer von vielen Diensten, die auf dieser Infrastruktur funktionieren. Es besteht aus Webseiten und Hyperlinks.

2 Eine URL besteht aus dem genutzen Protokoll (z.B. http), dem Domainnamen (aus Subdomain, Domain und Top-Level-Domain) und dem Dateipfad.

3 Operator „-": Gibt nur Suchergebnisse an, die das eine Wort, aber nicht das andere Wort beinhalten. Operator „+": Gibt nur Suchergebnisse an, die alle angegebenen Wörter beinhalten.

4 Die Gründe dafür sind vielfältig. Wenn ein Server nicht erreichbar ist, kann der Server selbst ausgefallen sein. Außerdem könnte die IP-Adresse zu der Domain des Servers nicht gefunden werden. Auch können die Router auf dem Weg zum Server überlastet sein. Es kann auch sein, dass der eigene Internetprovider oder der Heim-Router Probleme beim Netzzugriff haben. Wenn es zu langsam geht, könnten auch gerade zu viele Anfragen auf einmal an die Server oder den Heim-Router gestellt werden.

5 a falsch
b falsch
c richtig
d richtig

6 Dies ist der DNS.

7 IP steht für Internet Protokoll. IP-Adressen sind eindeutige Adressen von Geräten, die mit dem Internet verbunden sind. Es gibt zwei Versionen. Eine IPv4 besteht aus vier Zahlen. Eine IPv6 besteht aus acht hexadezimalen Zahlen.

8 Eine Nachricht wird über den Heim-Router an den Provider geschickt. Über mehrere Router gelangt die Nachricht über das Seekabel ME-WE-3 nach Australien. Dort wird die Nachricht wieder über mehrere Router und einen Provider wieder an ein Heim-Router geschickt.

9 Die Whois-Anfrage ergibt: Gandi SAS

10 Dazu kann man das Impressum der Webseite mit dem Ergebnis einer Whois-Anfrage verglei-chen. Auch kann bei einer Whois-Anfrage sehen sehen, wann sich die Verantwortlichen der Webseite geändert haben. Zusätzlich kann man die Versionsgeschichte einer Webseite oder des Eintrags bei Wikipedia nachsehen.

11 DSGVO steht für Datenschutz-Grundverordnung. Sie regelt den Datenschutz in der Europäischen Union. Sie ist daher in jedem Land der EU gültig und kann in Gesetzen genauer festgelegt werden. Die Verordnung darf nicht abgeschwächt werden.

12 AGBs geben beispielsweise an: Art und Umfang der erhobenen Daten

13 Betroffene Person stimmt zu, dient dem Schutz einer Person, liegt im öffentlichen Interesse

14 Personenbezogene Daten sind beispielsweise: Name, Geburtsdatum, E-Mail-Adresse, Adresse

15 Meine Spuren im Internet kann ich reduzieren, indem ich Privates nur mit Menschen teile, die ich wirklich kenne. Daür sollte ich meine Profile in sozialen Netzwerken immer auf privat stellen. Ich muss auch nicht jedes Erlebnis dort teilen. Sichere Passwörter schützen davor, dass meine Daten geklaut und veröffentlicht werden.

16 Kriterien für sichere Passwörter sind beispielsweise: sie bestehen aus Zeichen und Buchstaben, sie sind möglichst lang und für jeden Zugang anders. Außerdem sollten sie nicht aus dem privaten Umfeld zu erraten sein.

17 Identitätsmissbrauch ist beispielsweise: private Fotos ohne Nachfragen verwenden, Zugangsdaten abfangen, gestohlene Kreditkartedaten nutzen

18 Ich kann mich vor Phishing schützen, indem ich immer misstrauisch bin, wenn ich Zugangsdaten angeben soll. Dafür kann ich die E-Mail-Adresse des Versenders und die URLs in E-Mails auf Richtigkeit prüfe. Ich sollte meine Zugangsdaten niemanden mitteilen und nur in der originalen Webseite oder App eingeben.

19 Maßnahmen für mehr Datensicherheit sind beispielsweise: sichere Passwörter, Verschlüsselung, Zwei-Faktor-Authentifizierung, für jeden Zugang ein anderes Passwort nutzen

20 Vorteile: leichtere Kommunikation, Zeit sparen, mehr Unterstützungsmöglichkeiten für alte und kranke Menschen, Energie sparen,
Nachteile: schnelle Veränderungen der Technik (besonders für alte Menschen schwer), immer erreichbar sein, Daten müssen geschützt werden, Gefahr durch Datenmissbrauch

Algorithmisches Problemlösen – S. 120/121

1 Endlichkeit, Eindeutigkeit und Ausführbarkeit

2 Rechnen, Steuern und Entscheiden

3 Individuelle Lösungen. Zum Beispiel: Heizung steuern, Route berechnen

4 a Nein, da nicht genau beschrieben wird womit und wie groß der Kreis gezeichnet werden soll. Einen perfekten Kreis zu zeichnen ist auch nicht leicht ausführbar. Der Ablauf ist auch nicht endlich, da er unendlich oft ausgeführt werden soll.
b Ja, alle drei Anforderungen sind erfüllt.
c Nein! Der Ablauf ist zwar endlich, aber es wird nicht genau genug erklärt, wie schnell man fahren soll. Es werden auch nicht die einzelnen Schritte beschrieben.
d Ja, alle drei Anforderungen sind erfüllt.
e Nein, da nicht genau beschrieben ist, wie lang die zweite Linie sein soll. Der Ablauf ist nicht eindeutig und damit ausführbar.

5 Ausbildung, Analyse und Unterhaltung

6 Eine Simulation bildet Phänomene aus der Natur oder Technik mit verschiedenen Einflussgrößen nach. Einzelne Einflussgrößen können dabei weggelassen werden. Es kann beispielsweise der Flug mit einem Flugzeug simuliert werden.

7 a In der medizinischen Ausbildung wird in einer Simulation eine Situation im OP oder mit einem Patienten nachgebildet. Es muss beispielsweise auf den Herzschlag und andere Werte von Patienten geachtet werden. Es können verschiedene Entscheidungen ausprobiert werden. Ein echter Patient kann bei Fehlentscheidungen nicht sterben.
b Das Produkt kann in einer Simulation nachgebaut werden. Diese berechnet dann den Weg des Windes um und durch das Produkt. So kann man beispielsweise erkennen, ob das Produkt den Fahrtwind unterbricht. Dann müsste das Produkt überarbeitet werden.

8 In einem Webshop könnte ein Chatbot eingesetzt werden, um der Kundschaft zu helfen. So könnte der Chatbot einfache Fragen zu Versand, Bestellung und den Produkten beantworten.

9 Ein Chatbot sucht in geschriebenem Text nach Schlüsselwörtern. Ein Sprachassistent muss die gesprochene Sprache erst in einen Text übertragen, bevor es nach Schlüsselwörtern sucht.

10 a Vorkasse, bezahlen
b Versand, dauert

11 Ein Avatar wird durch eine Spielerin oder Spieler gesteuert. NPCs sind Nicht-Spieler Charaktere und werden von einem Algorithmus gesteuert.

12 Punktesystem, Levelsystem, Rangliste, Avatar, Auszeichnung, Teams, Fortschrittbalken, Aufgaben

13 Wenn Spielelemente auch außerhalb eines Spiels eingesetzt werden, wird das Gamifizierung genannt. Es können beispielsweise Spielelemente beim Lernen oder beim Einkaufen genutzt werden. Die Kundschaft erhält für das Kaufverhalten Punkte, die sie sammeln. Bei einer bestimmten erreichten Punktezahl, gibt es eine Belohnung.

14 Nach dem Klonen wirken alle Skripte auf die Variablenwerte des Klons. Die Variable des Klons kann angepasst werden. Die Variablen des Original ändert sich dabei aber nicht. Ein Klon kann beispielsweise ein anderes Kostüm erhalten als das Original.

15 In Scratch kann eine Bedingung erfüllt sein, wenn eine bestimmte Farbe berührt wird. Dies wird mit dem Fühlen-Block „wird Farbe ... berührt?“ in eine Verzweigung eingebaut.
Es gibt auch die Möglichkeit die Entfernung als Bedingung festzulegen. So soll die Bedingung beispielsweise erfüllt sein, wenn die Entfernung weniger als 2 ist. Dafür nutz man den Fühlen-Block „Entfernung von ...“. Sie muss in den Operator-Block „... kleiner als ...“ eingesetzt werden. Für den Wert kann beispielsweise 10 festgelegt werden.

16 Ein Wegenetz besteht aus Knoten. Diese sind mit Kanten verbunden. Sind zwei Knoten über eine Kante verbunden, sind sie Nachbarn.

17 In einem Navigationsprogramm wird das Straßennetz digital verarbeitet. Straßen sind dann Kanten und Kreuzungen sind Knoten. Es ist ein Wegenetz entstanden. Jede Kante hat eine bestimmte Länge. Vom Startpunkt aus wird immer der kürzeste Weg zur nächsten Knoten gewählt. Bis zum Zielpunkt findest so das Programm den kürzesten Weg.

18 Der Algorithmus berechnet die Entfernungen zu allen noch nicht bearbeiteten Nachbarknoten des aktuellen Knotens. Er zählt dafür die aktuelle Entfernung und die Länge der Kante zum Nachbarn zusammen. Danach wählt er den Knoten mit der geringsten Entfernung. Diesen markiere er als bearbeitet und setzt ihn als aktuellen Knoten ein. Das wiederholt der Algorithmus, bis der aktuelle Knoten der Zielknoten ist oder alle Knoten bearbeitet wurden.

19 Haushalt: Staubsaugerroboter
Medizin: OP-Roboter
Landwirtschaft: Ernteroboter
Service: Spielzeugroboter
Industrie und Forschung: Erkundugsrobote

20 Ein Roboter ist ein Computersystem, der die Aufgaben ohne menschliche Hilfe erledigen. Sie nehmen dadurch Menschen schwierige und langweilige Aufgaben ab. Der Begriff kommt aus von dem tschechischen Wort „robota" und wurde von dem Schriftsteller Karl Capel 1920 definiert.

21 a Falsch, da Wabot-2 in den 1980er entwickelt wurde. Der Atlas und ASIMO wurden vertauscht.
b Richtig.
c Falsch, da soziale Roboter erst ab den 1990er Jahren entwickelt wurde. Da gab es humanoide Roboter schon mehrere Jahrzente.
d Falsch, da der erste Forschungsroboter schon in den 1960er Jahren entwickelt wurde. Roboter wie der Sojouner erkunden bereits den Mars.

22 Erst nach dem zweiten Weltkrieg wurde die Technik entwickelt, die für die Entwicklung der Robotik wichtig ist. Es wurden der Transistor, integrierte Schaltkreise und immer leistungsstärkere Computer erfunden.

23 a Der Erkundungsroboter kann den Mars erkunden. Da das mit Menschen noch nicht möglich ist, ist das für die Forschung eine Möglichkeit den Mars zu erforschen. Für Menschen wäre das auch sehr gefährlich.
b Rettungsaktionen können für Menschen sehr gefährlich werden. Roboter können auch besser in kleine Ritzen mit Kameras rein"schauen".
c In der Industrie müssen immer wieder die gleichen Aufgaben erledigt werden. Das ist für Menschen sehr langweilig. Sie machen weniger Fehler.
d Service-Roboter können beispielsweise in Geschäften eingesetzt werden. Sie beantworten Fragen der Kundschaft und können den Weg zu einem bestimmten Produkt zeigen.
e Drohnen können über die Landschaft fliegen und beispielsweise Tiere in Kornfeldern aufspüren. So können die Tiere gerettet werden, bevor die Erntemaschine über das Feld fährt.

24 Abakus, Pascaline, Analytical Engine, Turing-Maschine, Z1, EDSAC, Arpanet, Intel 4004, Pong, Personal Computer, WWW

25 PC steht für Personal Computer. Damit ist ein persönlicher Computer gemeint, der in Privathaushalten genutzt werden kann.

26 Digitalisierung beschreibt alle Möglichkeiten, die mit digitalen Medien und Technik möglich sind. So kann man beispielsweise mit einem Smartphone mit Menschen auf der ganzen Welt kommunizieren.

27 a Nachrichten-App im Smartphone
b Weckfunktion im Smartphone
c Mit dem Smartphone telefonieren
d Navigationsgerät das Ziel eingeben
e Streaming-Dienste für Serien und Filme

28 a Der Anfang der Spieleindustrie, die für Unterhaltung und Spaß sorgt.
b Die Möglichkeit auch Zuhause einen Computer zu nutzen. Heute werden PCs in vielen Berufen eingesetzt.
c Die erste Maschine, für die ein Algorithmus geschrieben wurde. Heute lösen Algorithmen viele Probleme.
d Dank der Umwandeln von Programmiersprache in Maschinencode kann man mit einfacher Sprache Computerprogramme schreiben.

Daten interpretieren – S. 139

1 Eine Tabelle besteht aus Zeilen und Spalten. Der Schnitt aus Zeile und Spalte wird Zelle genannt.

2 Eine Kalkulation ist das Berechnen von Kosten und Preisen. Das können beispielsweise ein Haushaltsplan, eine Kostenkalkulation für ein Produkt oder ein Sparplan sein.

3

Beginn	Ende	Montag	Dienstag	Mittwoch	Donnerstag	Freitag
8:00	10:00	Ausschlafen	Ausschlafen	Ausschlafen	Ausschlafen	Ausschlafen
10:00	12:00	Zeichnen		Zeichnen	Freunde treffen	Fahrradtour
12:00	14:00	Mittagessen	Mittagessen	Mittagessen	Mittagessen	Mittagessen
14:00	16:00	Gitarre spielen	Gitarre spielen	Gitarre spielen	Gitarre spielen	Fahrradtour
16:00	18:00		Freunde treffen			Fahrradtour
18:00	20:00	Fußball	Freunde treffen	Fußball	Musik hören	
20:00	22:00	Serie schauen	Lesen	Serie schauen	Musik hören	Lesen

4 a

Tag	Beginn	Ende	Pause	Arbeitszeit
Mo	16:00	18:00		02:00
Di				
Mi				
Do	16:00	18:00		02:00
Fr				
Sa	10:00	16:30	0:30	06:00
So				
			Summe	10:00

b Bei der Erstellung muss man darauf achten, dass die Zahlenformate in den Zellen passen. Für die Arbeitszeiten wird das Zahlenformat Uhrzeit in dem Format hh:mm benötigt.

5 Durch das Sortieren von Daten werden diese in eine Reihenfolge gebracht. So können beispielsweise die Laufzeiten nach Schnelligkeit sortiert werden. Durch das Filtern von Daten werden diese nach Kategorien geordnet. So werden beispielsweise alle Laufzeiten besser als 2 Minuten angezeigt.

6 Beim Filtern nach „größer gleich" werden alle Werte, die kleiner als der angegebenen Wert sind nicht angezeigt. So werden beispielsweise alle Noten, die schlechter oder gleich 3 sind, angezeigt. Alle Noten, die besser als 2 sind, werden nicht angezeigt.

7 a

Tag	Aktivität	Dauer	Art
01.04.2024	Zeichnen	0:30	Kreativität
03.04.2024	Zeichnen	0:30	Kreativität
01.04.2024	Gitarre spielen	1:00	Kreativität
02.04.2024	Gitarre spielen	1:00	Kreativität
02.04.2024	Lesen	1:00	Entspannung
03.04.2024	Gitarre spielen	1:00	Kreativität
01.04.2024	Serien schauen	1:30	Medien
03.04.2024	Fußball spielen	2:00	Sport
03.04.2024	Serien schauen	2:00	Medien
01.04.2024	Fußball spielen	2:30	Sport
02.04.2024	Freunde treffen	4:00	Kontakte

b

Tag	Aktivität	Dauer	Art
02.04.2024	Lesen	1:00	Entspannung
02.04.2024	Freunde treffen	4:00	Kontakte
01.04.2024	Zeichnen	0:30	Kreativität
03.04.2024	Zeichnen	0:30	Kreativität
01.04.2024	Gitarre spielen	1:00	Kreativität
02.04.2024	Gitarre spielen	1:00	Kreativität
03.04.2024	Gitarre spielen	1:00	Kreativität
01.04.2024	Serien schauen	1:30	Medien
03.04.2024	Serien schauen	2:00	Medien
03.04.2024	Fußball spielen	2:00	Sport
01.04.2024	Fußball spielen	2:30	Sport

c

Tag	Aktivität	Dauer	Art
02.04.2024	Lesen	1:00	Entspannung
02.04.2024	Freunde treffen	4:00	Kontakte
01.04.2024	Gitarre spielen	1:00	Kreativität
02.04.2024	Gitarre spielen	1:00	Kreativität
03.04.2024	Gitarre spielen	1:00	Kreativität
01.04.2024	Serien schauen	1:30	Medien
03.04.2024	Serien schauen	2:00	Medien
03.04.2024	Fußball spielen	2:00	Sport
01.04.2024	Fußball spielen	2:30	Sport

8 Ein Achsendiagramm besteht aus zwei Achsen: der Ordinate und Abszisse. Beide Achsen sind mit einem Titel beschriftet. Das Diagramm trägt einen Titel und beseitzt oft eine Legende. Mit einem Gitterliniennetz lassen sich die Werte leichter einzeichnen und lesen.

9 a Temperaturverlauf in einem Zeitraum
b Wahlergebnisse mit verschiedenen Parteien
c Entwicklung der Einwohnerzahl

d Anteile einer Umfrage mit nur einer Antwortmöglichkeit

10 a

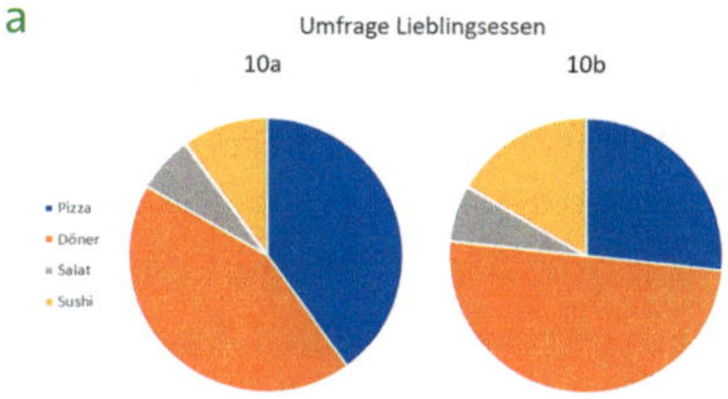

b

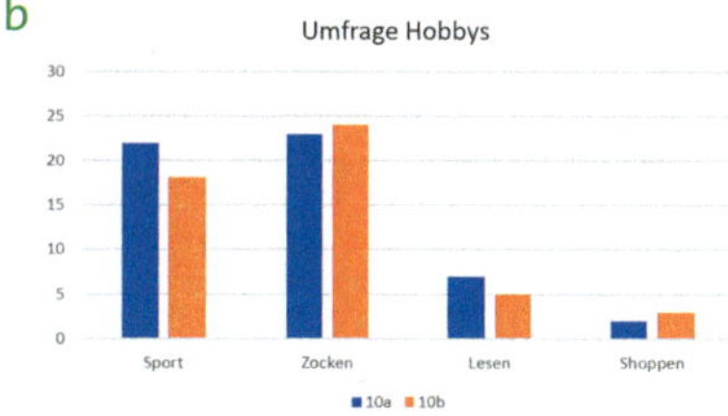

11 Mögliche Manipulationen: Achsen mit größeren oder kleineren Abständen zwischen Hauptstrichen, eine Achse beginnt nicht bei Null, einzelne Kategorien werden ausgeblendet

12 Personenbezogene Daten sind: Name, Geburtsdatum, Standort, Telefonnummer, E-Mail-Adressem biometrische Daten und IP-Adressen.

13 An belebten Plätzen mit Videoüberwachung können die Gesichter der Passanten mit speziellen Gesichtserkennungsprogrammen ausgewertet und mit Datenbanken auf zentralen Computern verglichen werden.

14 Aus Zeichen werden durch Regeln Daten. Diese müssen interpretiert werden. Erst dann spricht man von Informationen. Viele Informationen bilden vernetzt das Wissen.

15 Personenbezogene Daten sollten geschützt werden, weil aus diesen Daten Informationen über eine einzelen Person entnommen werden können. Diese Informationen könnten von Fremden für kriminielle Zwecke genutzt werden. Dies nennt man Datenmissbrauch. Das können beispielsweise das Nutzen von Kreditkartendaten sein oder Zugangsdaten zum Onlinebanking.

Eine Pro-und-Kontra-Debatte führen

Es ist sehr aufwendig, in einer Diskussion alle Argumente für und gegen einen Streitpunkt alleine zu finden. Bei einer Pro-und-Kontra-Debatte wird diese Aufgabe auf mehrere Gruppen verteilt. Wenn alle Argumente in der Debatte ausgetauscht worden sind, kannst du dir eine fundierte Meinung bilden.

1. Vorbereitung Macht euch mit dem Thema vertraut, zum Beispiel „Nutzung von nachwachsenden Rohstoffen". Stimmt ab, um ein erstes Meinungsbild zu bekommen: Wie viele Stimmen sind dafür, wie viele dagegen?

2. Standpunkte formulieren Für die Debatte braucht ihr gegensätzliche Standpunkte. Bildet für jeden Standpunkt eine Gruppe.

3. Standpunkte festigen Findet sachliche Argumente für euren Standpunkt. Sammelt auch Gegenargumente und überlegt, wie ihr sie widerlegen könnt. Bestimmt eine Person, die für die Gruppe spricht.

4. Debatte führen Die Debatte braucht einen geordneten Rahmen und Ablauf:
- Stellt drei Tische längs nebeneinander für die Pro-Gruppen auf und drei Tische direkt gegenüber für die Kontra-Gruppen.
- Die Sprecherinnen oder Sprecher sitzen jeweils am Tisch, die Gruppenmitglieder dahinter.

5. Debatte auswerten Jetzt sind die Zuschauerinnen und Zuschauer am Zug. Sie sagen, welche Argumente sie überzeugend finden und welche nicht, was gut gelungen ist und was nicht. Zum Abschluss stimmt ihr nochmals über die Ausgangsfrage ab. Vergleicht das Ergebnis mit dem ersten Meinungsbild und diskutiert die Unterschiede.

Probleme zerlegen

Um ein Problem lösen zu können, muss du es erstmal vollständig verstehen. Es ist daher hilfreich, wenn du das Problem in kleine Teilprobleme zerlegst. So kannst du alle Teile des Problems besser untersuchen und Teillösungen finden. Damit kannst du das Problem Schritt für Schritt lösen.

Du möchtest beispielsweise bei der nächsten Klausur unbedingt besser abschneiden. Dafür teilst du dir die Aufgaben in kleine Teilaufgaben auf:

1. Thema feststellen Stelle erstmal fest, welches Thema für die Klausur wichtig ist. Gibt es Themen, die du ausschließen kannst?

2. Unterthemen feststellen Stelle nun fest, welche Unterthemen wichtig sind.

4. Fachbegriffe klären Erstelle dir eine Liste aller wichtigen Fachbegriffe. Notiere dir hier jeweils die Erklärung.

3. Unterthemen analysieren Analysiere die einzelnen Unterthemen. Gibt es ein Thema, was du noch nicht ganz verstanden hast? Gibt es Zusammenhänge zwischen einzelnen Unterthemen? Bauen Unterthemen aufeinander auf?

4. Lernplan erstellen Halte deine Ergebnisse fest und erstelle basierend darauf einen Lernplan.

Algorithmen entwickeln

Bevor du ein Programm erstellen kannst, musst du einen Algorithmus entwickeln. Dabei helfen dir folgende Schritte und Hilfsmittel:

1. Das Problem analysieren Ein Algorithmus soll ein Problem lösen. Dafür muss du das Problem erst analysieren und eine Lösung finden.

Problem: Ich habe vergessen, dass für heute eine Klausur geplant war.

Lösung: Ich notiere mir das Datum der Klausur und prüfe täglich das Datum.

2. Einen Algorithmus entwickeln Dir ist nun die Lösung klar. Erstelle damit eine Schritt-für-Schritt-Anleitung. Liste dafür alle Anweisungen auf, die der Algorithmus beinhalten soll.

Schritt 1: Prüfe das heutige Datum.
Schritt 2: Prüfe, ob heute das Datum der Klausur ist.
Schritt 3: „Ich bin bereit!" oder „Ich muss lernen!"

3. Einen Pseudocode schreiben Mit einem Pseudocode kannst du die Struktur des Algorithmus erstellen. Dafür verwendest du einen Schreibstil, der der Programmiersprache ähnlich ist. Schreibe für jede Zeile Programmiercode eine Zeile Pseudocode.

4. Ein Flussdiagramm zeichnen Ein Flussdiagramm visualisiert die einzelnen Schritte des Algorithmus. Du kannst es mit dem Erstellen einer Gliederung vergleichen, die du schreibst, bevor du mit einem Aufsatz beginnst. Mit den verschiedenen Elementen kannst du einzelne Teile des Agorithmus unterscheiden.

Bezeichnung	Symbol	Beschreibung
Oval		Anfang und Ende eines Programms
Parallelogramm		eine Eingabe
Rechteck		eine Aktion oder Operation
Raute		eine Verzweigung mit einer Bedingung
Pfeil	→	die Richtung oder Reihenfolge des Programms

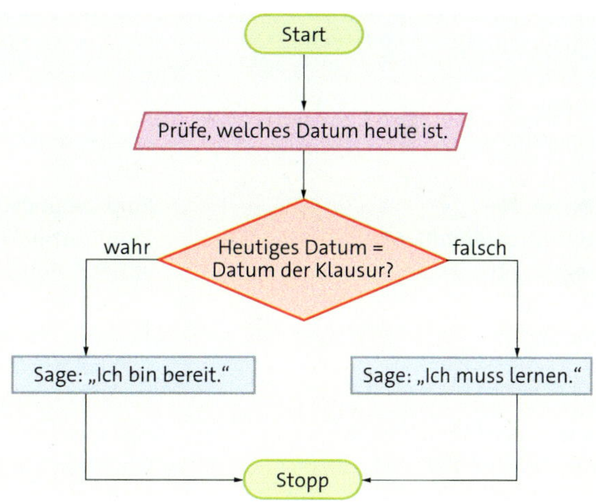


```
Heutiges Datum prüfen.

Wenn Tag und Monat der Klausur mit dem heutigen Datum übereinstimmen.
  Dann sage: „Ich bin bereit!"
  Sonst sage: „Ich muss lernen!"
```

Bild- und Textquellenverzeichnis

Cover
stock.adobe.com: Siarhei: oben , Maksym Yemelyanov: unten links | **Sofarobotnik GbR:** Mitte rechts

Fotos
akg-image: Science Photo Library: S. 116, Science Source: S. 117 | **Cornelsen Experimenta GmbH:** Jacqueline Schulze: S. 110 unten links | **Cornelsen/Volker Minkus:** S. 15, S. 14 | **dpa Picture-Alliance/dpa Themendienst/Andrea Warnecke:** S. 22 | **mauritius images:** Logo Factory: S. 124, S. 124, Science Source: S. 116 | **sciencephotolibrary/Ã/POWER AND SYRED:** S. 15 | **stock.adobe.com:** S. 64, S. 70, S. 74, S. 100, S. 95, Razvan: S. 66, adimas: S. 90, S. 3, ALEXANDER LIPKO/alipko: S. 53, PhotoPlus+: S. 25, Andrey Popov: S. 84, DedMityay: S. 134, editableclips.com: S. 91, Emmanuel: S. 115, golubovy: S. 24, golubovy: S. 2, Gorodenkoff: S. 76, guysagne: S. 18, Iurii Seleznev: S. 93, jehuty18: S. 12, Kai Michael Neuhold/neuhold.photography: S. 26, kinwun: S. 108, Olga Yastremska, New Africa, Africa Studio/New Africa: S. 123, S. 25, PATPITCHAYA@HOTMAIL.COM/patpitchaya: S. 128, Photography/ON/ON-Photography: S. 34, railwayfx: S. 7, Rawpixel Ltd./Rawpixel.com: S. 123, RoMiEg: S. 45, rosaampel: S. 83, ryanking999: S. 93, Shafay: S. 115, Shot/Pixel/studio.com (Olga Yastremska and Leonid Yastremskiy)/africa/Pixel-Shot: S. 73, studio.com (Olga Yastremska and Leonid Yastremskiy)/africa/Africa Studio: S. 95, StuPorter: S. 129, suebsiri srithanyarat/EyeEm: S. 52, S. 2, suebsiri@hotmail.com/suebsiri: S. 58, terovesalainen: S. 135, S. 74, terovesalainen: S. 98, Victor Moussa: S. 53, 健二 中村: S. 95 | **Shutterstock.com:** 3Dsculptor: S. 104, Antonio Guillem: S. 38, Bardocz Peter: S. 21, DC Studio: S. 11, Dean Drobot: S. 93, ffolas: S. 8 unten links, ffolas: S. 8, Gorodenkoff: S. 6, S. 2, S. 76, S. 96, Ground Picture: S. 8, hodim: S. 82, Ivan_Shenets: S. 13, Kaspars Grinvalds: S. 93 oben rechts, Michael Derrer Fuchs: S. 62, Mickis-Fotowelt: S. 91, MOLPIX: S. 28, Nattapat.J: S. 92, Nikodash: S. 86, optimarc: S. 72, S. 3, Paramarta Bari: S. 68, Piotr Wawrzyniuk: S. 107, Preechar Bowonkitwanchai: S. 7, Przemek Klos: S. 106, Rawpixel.com: S. 112, Scharfsinn: S. 108, ShadeDesign: S. 8, tadamichi: S. 122, S. 3, Timothy Hodgkinson: S. 8 Mitte links, S. 8, TippaPatt: S. 73, WAYHOME studio: S. 124

Illustrationen
Calliope gGmbH, Berlin, Open Roberta Lab: S. 42, S. 44, S. 49 | **Cornelsen Experimenta GmbH:** Kinematics GmbH - Leonhard Oschütz: S. 110 oben Mitte | **Cornelsen/Albert Wiedemann:** S. 32 unten A, S. 32 unten B, S. 32 unten C, S. 32 unten D | **Cornelsen/Inhouse:** S. 13, S. 21, S. 16, S. 17, S. 18, S. 17, S. 5, S. 125, S. 125, S. 126, S. 132, S. 129, S. 85, S. 7, S. 81 | **Cornelsen/Inhouse/© Microsoft® Office:** S. 146 Mitte rechts, S. 147 Mitte links, S. 147 Mitte rechts, S. 147 oben rechts, S. 147 Mitte links, S. 146 unten rechts, S. 147 unten links | **Cornelsen/Inhouse/Scratch:** S. 104, S. 99, S. 97, S. 103, S. 102, S. 104, S. 102, S. 27 oben rechts, S. 41 oben rechts, S. 37, S. 32, S. 32 oben rechts, oben Mitte, S. 31, S. 43, S. 39, S. 39, S. 40, S. 40, S. 40, S. 36, S. 36, S. 36, S. 36, S. 27 | **Cornelsen/Ira Diethelm:** S. 81, S. 83 links, S. 77, S. 80 links, S. 83 rechts, S. 77, S. 80 rechts | **Cornelsen/Matthias Pflügner:** S. 54 links, S. 54 Mitte, S. 54 rechts, S. 55, S. 71 A-D, S. 114, S. 112, S. 30 A, S. 30 B, S. 30 C, S. 30 D, S. 40 Mitte links, S. 30 oben | Cornelsen/Rainer Götze: S. 57, S. 63 oben, S. 64, S. 65 links, S. 60, S. 65 rechts, S. 67, S. 63 Mitte, S. 63 unten, S. 70, S. 66, S. 58, S. 59, S. 10 oben, S. 62, S. 10 unten, S. 16, S. 11, S. 20, S. 15 links, S. 15 rechts, S. 22, S. 13, S. 20, S. 136 links, S. 135, S. 136 rechts, S. 33, S. 28, S. 19 links, S. 19 Mitte, S. 19 rechts, S. 35 links, S. 35 rechts, S. 35 Mitte rechts, S. 138, S. 138, S. 130, S. 33, S. 133, S. 131 links, S. 131 rechts, S. 131 Mitte rechts, S. 7, S. 88 oben rechts, oben Mitte, S. 79 oben links, oben Mitte, S. 77 Mitte, Mitte rechts, S. 80 oben Mitte, oben rechts, S. 81 unten links, unten Mitte, unten rechts, S. 78 oben links, oben Mitte, oben rechts, S. 87 unten links, unten Mitte, S. 78 unten links, unten Mitte, S. 87 oben Mitte, oben rechts, S. 46 oben rechts, S. 48 unten rechts, S. 45 unten rechts, Mitte rechts, S. 46 Mitte rechts, unten rechts, S. 49 oben rechts, S. 101 oben links, oben Mitte, oben rechts, S. 149 Mitte rechts, S. 149 Mitte rechts, S. 109 oben links, oben Mitte, oben rechts, S. 113 oben links, oben Mitte, oben rechts, S. 106 oben rechts, S. 110 oben rechts, S. 107 Mitte links, S. 110 Mitte, Mitte rechts | **Cornelsen/Richard Scheglmann:** S. 18 oben, S. 18 unten | **Cornelsen/SPI Technologies India Straive:** S. 2 A-H, S. 3 A-H | **Cornelsen/Straive/stock.adobe.com ytemha34/Denis Rozhnovsky/vetkit/Anton/igorkol_ter/Milan Lipowski/kirill87:** S. 9 | **Cornelsen/Straive/Straive/Matthias Pflügner:** S. 30 | **PEFC Deutschland e.V.:** S. 5 | **Sofarobotnik GbR:** S. 1, S. IV oben Mitte, S. 2

Scratch is developed by the Lifelong Kindergarten Group at the MIT Media Lab. See http://scratch.mit.edu

Operatoren

Keine Missverständnisse mehr bei Aufgaben

Die meisten Aufgaben in diesem Buch beginnen mit einem Verb:
- **Nenne** die drei Komponenten eines Computers.
- **Beschreibe** den Aufbau des Internets.
- **Erkläre**, wie der Computer Informationen speichern und übertragen kann.

Diese Verben geben an, was du tun sollst. Sie werden auch als Operatoren bezeichnet.

Nenne – Benenne – Gib an

Notiere Namen oder Begriffe. Verwende Fachwörter.

Aufgabe: Nenne die drei Komponenten eines Computers.

Lösung: *Prozessor (CPU), Arbeitsspeicher (RAM) und Speicher.*

Beschreibe

Formuliere etwas so genau mit Fachwörtern, dass ein anderer es sich gut vorstellen kann.

Aufgabe: Beschreibe den Aufbau einer Tabelle.

Lösung: *Eine Tabelle besteht horizontal aus Zeilen und vertikal aus Spalten. Der Schnitt zwischen einer Zeile und eine Spalte heißt Zelle.*

Ordne zu

Teile in Gruppen ein. Lege dazu Listen an.

Aufgabe: Ordne jeweils drei Bauteile den Aktoren und Sensoren zu.

Lösung:
Aktoren: Motor, LED-Display, Lautsprecher
Sensoren: Lichtsensor, Mikrofon, Lagesensor

Erkläre

Stelle einen Zusammenhang zwischen Informationen her.

Aufgabe: Erkläre, wie der Computer Informationen speichern und übertragen kann.

Lösung: *Informationen in Form von Texten oder Bildern werden in Binärcode codiert. Der Computer speichert die codierte Information als Bitfolge in Speicherzellen. Dort liegt eine Spannung an, wenn eine Eins gespeichert werden soll. Für eine Null liegt keine Spannung an.*

Ermittle – Recherchiere

Beschreibe einen Sachverhalt möglichst genau. Die Informationen kannst du über Tabellen, Bilder oder Texte herausfinden./ Gib Informationen an, die du durch Recherche finden konntest.

Aufgabe: Recherchiere den Standort des Servers von Instagram.

Lösung: *Laut einer Whois-Anfrage befindet sich der Server von Instagram in Menlo Park in Californen.*